CW01572929

L'ITALIE LA NUIT

Jean Védrines

L'Italie la nuit

roman

Fayard

ISBN : 978-2-213-63771-6
© Librairie Arthème Fayard, 2008.

Roma

Promontoire
du Gargano

Foggia

Barletta

Benevent

Bari

Naples

Castel del Monte

Matera

Otrante

CHAPITRE PREMIER

Roma

Dans Roma Termini, la gare de pierre claire, le palais à verrières, soleil violent, je croise Accendino, mon grand ami.

Juché sur un chariot à bagages, les jambes ballantes, l'œil brillant, on dirait qu'il m'attend.

« Oh ! Giovan ! il me lance bien fort, pas plus surpris que si on s'était quittés de la veille. Qu'est-ce que tu fais encore dans ma gare ? »

Et il éclate de rire, bras large ouverts, figés, comme on voit à la statue de don Bosco, le bronze géant qui est dehors, tout près, via Marsala.

« Tu descends chez nous, cette fois, ou tu quittes ? »

Chez nous c'est Foggia, au Midi, trois, quatre heures de train, les lointains, le désert.

« Je ne quitte pas, ce coup-ci ! je lui fais, joyeux de le revoir après des semaines. Je ne quitte pas, Accendino : je descends, je retourne !

« Tu devrais te rappeler : on s'est embrassés, là, au même endroit, il y a deux mois. Et je quittais, je montais… Tu m'as dit : "La France ? Toujours la France ? Pouah ! D'abord tu étais à Paris, maintenant tu t'enterres dans un trou du bocage… *Puzzo* ! Quelle horreur !" À chaque fois que je remonte, tu me fais ça, la leçon, le reproche.

— Mais pourquoi tu trafiques, aussi ? Un jour le nord, un jour chez nous, tu n'arrêtes pas.

« Oh, Giovan ! Les esclaves faisaient ça, dans le temps ! Le maître les arrachait à leur village, à leur cabane, et il les vendait autre part ! Spartacus, les gladiateurs !

« Mais toi ? Bâti comme tu es, pas très solide, tu fais peine à toujours filer.

Et puis, il n'est pas assez beau pour toi, le pays ?

— Oh si ! Il est trop beau, peut-être. C'est pour ça que je fuis ! Et il y a le reste, la raison que tu sais : les parents sont là-bas, maintenant, ils ne reviendront plus.

— Là-bas, là-bas ! Pourquoi ils sont partis ? Il *signor* Rico, de la via Monfalcone ! Et la *signora* Zetta ! Pourquoi ils ont disparu ? Hé ?

« "Laba, laba !" vous dites tous en pliant bagages. C'est facile, et pas très poli, comme au

10

revoir, remerciement ! "Laba, laba !" : y'a pas de pays avec un nom pareil ! Ça n'existe pas, sur aucune carte ! Sauf le pays de la Mort, l'Enfer ! Vous faudrait du cœur, du ventre ! Alors on vous entendrait avouer, crier : "La France ! Paris ! Tartempion du bocage !" ou bien : "Francfort ! Metz ! Bruxelles !" Et on verrait que vous avez honte de quitter, une vergogne... »

Je baisse le nez, gêné, le rouge aux joues. Je sens qu'il me regarde, Accendino, de son perchoir, son trône sur le chariot, la pile de malles, de valises.

« Bon, il fait, adouci. J'ai rien dit.

« Puisque tu vas les revoir avant moi, à Foggia, au bar Fidori, salue-les de ma part ! Et comme il faut : pas en vrac, bâclé, mais un par un, à la grande ! En commençant par le maître du comptoir, des rasades, le grand, le généreux Pandone.

« Et rappelle-leur que j'arrive samedi, même train, même heure que chaque semaine ! Des fois qu'ils m'oublient ! »

Je promets. Mais le samedi, souvent je le guette et ne le vois pas. D'autres, quantité d'autres reviennent, mais pas Accendino : sûrement qu'à Rome il n'est pas si mal, après tout. Autour de la gare, il y a des dizaines de bars, et des gens bien, des gens comme on aime tous deux, agréables, causeurs. Il suffit de s'asseoir à leurs côtés et la rumeur de leurs histoires, l'écho, le grondement des autos via Nazionale te consolent, guérissent de la vie bizarre, déplacée, tordue.

CHAPITRE 2

Trois mouches

« Tu voyes... » commence Pandone avec son accent traînard et mouillé du Gargano, de la montagne ventrue sur la mer bouillante : « Tu voyes... »

C'est l'accent de Mattinata, Sant'Angelo, un gargouillis qui ne descend pas des hauteurs, des crêtes, n'a jamais touché Barletta l'élégante, sur la côte, ni Foggia, en plaine, parce qu'il s'est asséché, réduit en traversant le cailloutis, le désert surchauffé, la poussière des chaumes et des routes.

Chez nous, à Foggia, les gens parlent lent, c'est sûr, et bien long, infini dans leurs phrases, leurs histoires : la chute, la clef d'une anecdote, on les repousse au lendemain, à la semaine, à la saison. Mais personne ne noie ses petits mots, ne trempe ses voyelles – des belles filles, blanches et brunes, blondes et dorées – dans l'écume sale, la moiteur saumâtre de la mer épaisse, brouillée. Ce qu'on parle ici ressemble à de l'italien vif et clair, tout de même, et se comprend mieux que le romain rugueux, sonore, des Borghetti, ou le napolitain nasillard, ricaneur.

Mais le mot sec, net ne vaut pas pour Pandone : lui, jusqu'à treize ans, a vécu au Gargano, à Mattinata, la bourgade qui s'agrippe tant qu'elle peut à la montagne, à la falaise, qui a des rues raides comme des échelles, des venelles taillées en escalier, des pentes de quarante degrés. Une escalade, ce patelin de guingois, secoué, jeté à terre tous les quatre matins par les secousses furieuses, jalouses, les coups de reins de la terre. « À Mattinata – nous a souvent expliqué Pandone – tu crèves de chaud, tu brûles pire que n'importe où dans les Pouilles. À cause des ondes, du frisson électrique, invisible, qui te vrille l'échine, le crâne, avant que ça tremble. Et parce qu'ils ont blanchi, chaulé les maisons, les portes, et même les lampadaires, le tronc des arbrisseaux, les bancs publics. Le soleil te serre, rencoigne au bas, au creux des ruelles, des clos murés, te blesse l'œil, le cou, la nuque, te pousse à l'église, aux caves où l'ombre te garde de sa morsure, de sa lame étincelante… Le jour, la nuit, le vent tournoie, bouillonne, te cuit le coffre, râpe le gosier, la langue. Les mots enfouis dans le cœur, au tréfonds, se consument, dessèchent, gisent : des peaux mortes, pelures fripées, pauvres, fines et froissées, près de tomber en poudre, poussières. Il faut bien, alors, que tu fasses monter l'eau à tes lèvres, détrempes tes mots, les abreuves, les sauves ! Que tu pleurniches, chignes, chuintes : là, au moins, dans les larmes geignardes, le murmure mouillé, revient et coule un filet de voix, un ruisselet doux, une bribe à débiter ! »

Voilà ce que nous explique Pandone – pour plaisanter, bien sûr – quand on lui dit qu'on souffre, qu'on peine à l'entendre grasseyer, dégouliner comme ça. Mais on n'ose pas lui rappeler en face les joliesses qu'on se raconte entre nous dès qu'il a le dos tourné : qu'à Mattinata ils ont le sang sarrasin, pirate, albanais ; qu'à l'autre siècle, là, le quinze, le seize, on ne sait plus, ils ont tous été empalés, découpés, violés, et les femmes engrossées de noirauds à face olivâtre, presque jaune ; que, depuis, ils parlent comme les brutes de Barberousse, couinent et geignent dès qu'ils ouvrent le bec, poussent des trémolos, bouillonnent, gloussent leurs mots : un gargouillis, une bouillie, la noyade…

« Tu voyes… tu voyes… » rumine Pandone qui s'est planté bras croisés devant la vitrine étroite de son café, le bar Fidori. Mais gare ! Prudence dans Foggia ! Pandone ne veut pas qu'on l'appelle « café » : trop riche, prétentieux, le mot ! Anglais, français, bon pour les Milanais, les banquières, la roture, les cravatés de la piazza Garibaldi, du corso XX Settembre ! Sa boutique, sa vitrine, c'est juste un *locale* – à prononcer lent, besogneux, avec un *é* traînard sur la fin, une paresse – c'est une pièce carrelée, une salle longue où se serrent et boivent les chalands bien assis aux banquettes, aux chaises rares, ou debout au comptoir, sous le ventre luisant des bouteilles, des bocaux mafflus.

Toujours il se lance pareil. Aujourd'hui, hier, il va dire : « Tu voyes, nous, à Foggia (il marmonne : "Fodji-i-â"), on n'est pas si mal, quand même. »

Personne ne lui a dit le contraire. On est tous d'accord, et Beppé del Sannio également, Beppé l'important, qui travaille à Bénévent et ne passe ici qu'une fois la semaine, le vendredi après-midi, en descendant de la gare. Lui aussi s'accorde avec nous : à Foggia on vit bien. Pandone rajoute : « On mange bien, on boit bien. »

Pourtant on a mauvaise réputation : une ville laide, rien que du neuf, du moderne, du ciment sale qui n'a pas soixante ans mais a mal tourné, s'est noirci, fendillé, des bétons droits, des avenues raides, des équerres, des cordeaux. Pas un vieux palais Moyen Âge, une tour à merlons, bombardes, échauguette, un rempart rouge du sang ennemi,

16

espagnol ou français... On serait la seule ville à afficher ces horreurs, ce néant. Peut-être Pescara nous rivalise. Mais il y a la mer là-bas, les vague-lettes, le baume salin, la soupe aux imbéciles.

Pescara, ils peuvent bien faire les fiers, les malins ! Comme nous, en 43, 44, ils ont dérouillé : les bombes américaines, la poix fondue, le brasier qui prend son temps, se goinfre de tout, bonshommes et murs, s'empiffre. Mais au nombre des morts, des palais tombés, incendiés, on les bat, nous autres ! Et leur D'Annunzio avec, ce faux prophète, ce barbichu effrayant qui, à force de chanter le feu, le plomb, la mitraille, les a attirés sur sa terre natale, et les villes voisines, la Pouille, la Lucanie, le Sud. Dix mille morts, ici, dix mille petits tas de cendres dans les fosses, les *foggie* : une *foggia*, chez nous, c'est un trou profond dans la vieille terre. Depuis des siècles qu'on portait ce baptême, les « fosses », on était prédestinés, mais on ne savait pas à quoi. Deux nuits de la dernière guerre ont suffi à éclairer, illuminer notre nom, notre secret, et même ce blason bizarre qu'on arborait depuis les gibelins, les Hohenstaufen : trois flammes ardentes sur une terre maigre, le cailloutis, la poussière où nous nous tenons.

C'est du mauvais souvenir, ça, on en parle très peu, sauf pour expliquer le béton, les allées droites, le vide. En même temps le ciment nous a protégés, toutes ces années : d'être pas beau, disgracieux, grisâtre, écarte et repousse l'importun, l'agioteur, le placier qui ne risquent pas de s'amouracher de nos HLM, ni de dénicher du beau, du Pouillot médiéval, des baroqueries bon marché.

« Mais faudrait pas oublier », lance parfois Pandone, les jours où on l'énerve, « qu'une poignée de vieilleries, de raretés ont survécu au massacre : mes deux pièces privées, par exemple, juste derrière le *locale*, mes chambres, à moi seul réservées, vous savez bien qu'elles n'ont pas brûlé ! Même si je vous interdis d'y aller voir, vous le savez tous ! Et elles sont pas si mal, hein ? De l'antique garanti, à faire baver les Milanais.

« La première, là, après la porte du fond, je vous en ai souvent causé, eh bien, je l'ai rachetée au fils du Menico, quand son père est mort, en 80, l'année du tremblement de terre. Ils la tenaient des aïeux de leurs aïeux, depuis au moins huit cents ans, avant l'empereur Frédéric, vous imaginez !

« Je suis sûr que vous la voyez, la devinez, dans vos sales caboches, à force que je vous la décris en détails, couleurs, allures, meubles… Elle est tout étroite, fine, elle prolonge le *locale* comme un couloir, un boyau bizarre. Et elle me suffirait presque, à moi, pour vivre doux, noble, me retirer tranquille. Elle est belle, faut dire… Hein, qu'elle est belle ? »

Il nous demande ça mais il n'attend pas, ne veut pas qu'on réponde. Pour rien il ne le voudrait, le bougre. Il ne nous autorisera jamais à y jeter un œil, à y filer voir un instant : jaloux de sa cafouche, de son repaire, comme d'une belle femme, d'une princesse.

La même folie que Beppé del Sannio, l'important de Bénévent, qui descend en hâte de la gare chaque vendredi après-midi et passe essoufflé devant le *locale* parce que la via Fidori est un raccourci sur son chemin d'amour, une traverse rapide vers l'immeuble de la *Dottoressa*, la splendeur toujours nue, surtout quand elle est à peine voilée d'une robe sombre. « Aphrodite ! » on la baptise, « Aphrodite de Foggia ! ». Et Beppé en est tellement possédé, jaloux, qu'il ne parle d'elle que par bribes, allusions obscures, comme Pandone de sa pièce secrète.

Il faut juste qu'on l'écoute patients, bien sages, nous raconter sa pauvre cafouche à mystères et sa deuxième chambre, plus loin derrière, une enfilade, un retirot encore plus misérable. Pandone prétend que la première, sa préférée, est ornée de vieilles figures peintes à même le mur — les fresques d'une chapelle oubliée, perdue.

« Tu voyes, gargouille-t-il maintenant, le regard bas, rivé à terre, tu voyes, quand tu entres dans la pièce, un peu au-dessus de toi, tu remarques des gars dessinés, bien faits, jolis même : des visages blanc pâle, patinés, des yeux… des yeux… » Là, comme les autres fois, il s'arrête, Pandone : depuis 80, il n'a toujours pas trouvé le mot convenable pour les yeux peints sur son mur. On pense qu'il lui viendra, un jour, le mot juste, mais que ce sera mauvais signe : car ce qu'on n'a jamais su formuler nous est souvent donné parfait, magnifique, à la veille de notre mort, dans nos derniers instants. Alors, on n'est pas pressés qu'il trouve, Pandone, on peut faire avec ce qu'il donne.

« Leur chevelure ! » il s'enflamme, soudain, et on tremble d'un coup, on a peur que la formule lui vienne là, maintenant, pour les yeux, le regard, mais il reprend : « Leur chevelure, à ces bonshommes… » Il s'arrête haletant : « Elle est sombre, noire ! Non… Plutôt rousse. Oui, rousse. Rouge, même ! Ils ont le cheveu rouge, éclatant ! Et ils sont dix, là, en haut du mur, à pas te quitter de l'œil, à te faire bondir le cœur d'un sourire doux, délicat, une bonté que tu ne leur vois pas aux lèvres mais qu'ils te soufflent, te murmurent…

« Juste après s'ouvre ma deuxième pièce, chambre. C'est celle où il y a le péché ! J'y range mes fautes, mes cochonceries, qu'elles me fichent la paix, les bougresses, ne me taraudent plus… Les murs, la fenêtre, l'alcôve du lit sont tendus de rideaux qui pendouillent, de drap antique élimé, pâli, rompu aux pliures. Des robes, des jupons lourds sont accrochés à des clous longs comme çui du Christ, de la dentelle de Barletta, des fanfreluches qui appartenaient à l'aïeule du Menico et qui sont tant râpées, frottées que les beautés de cette dame, ses rondeurs devaient y transparaître ! Et de la poussière, là-dedans, des siècles d'air épais, poudreux, malgré que je m'échine à balayer, astiquer... Moi, quand j'entre là, je passe de vertu à péché. De fuite, panique devant les vertus des hommes peints à chambre de bête, bauge remplie de ma faute. »

Il s'arrête, souriant, content de lui et qu'on soit bien énervés, chauffés de n'avoir que ses mots, ses bavardages à lui, et pas la vue simple de ses trésors, de ses chambres à mystères.

Tisicuzzo, cette fois, en profite, se racle la gorge pour parler : c'est son intime, son plus vieil ami, une tête maigre, des yeux rapprochés, minuscules, cachés derrière des verres épais, des carreaux de lunettes coupés, encadrés comme des hublots de soudeur ou les bésicles difformes de Pasolini, Toni Negri dans les bonnes années, soixante, soixantedix.

« Toute façon, il grommelle, toi, quand tu es heureux, Pandone, tu fuis le jour, la lumière, tu te caches, tu te courbes tout gêné vers les recoins d'ombre, comme si on te surveillait, t'observait,

comme si tu y avais pas droit, à cette joie, au petit
bonheur. Et après, sans rien dire, tu t'éclipses,
disparais, tu retournes en douce à misère, à secret,
dans tes chambres bizarres, ta pénitence... D'où
tes aigreurs, tes coups de bec les jours suivants :
forcément, tu te ronges, tu regrettes d'avoir pas
pris le cadeau qui t'était fait, le bon, le doux qui
t'étaient donnés.

— Et où tu as vu que j'ai pas pris ? grogne
Pandone. Hein ?

— Chez toi, justement. Dans la chambre aux
rideaux, aux draperies crevées, qu'est pas comme
tu dis, pas du tout... Parce que moi, quand même,
t'as bien fini par me laisser y entrer !

« Et je vais vous dire, vous autres, comme est
vraiment Pandone, notre ami Pandone ! Un drôle
d'ermite, de solitaire, je vous garantis...

« Un jour de cet automne, voyez, il fait sur
Foggia un soleil à se brûler, à faire monter la
poussière dans la pièce. Et ce beau, là, il se prend
son chaud, son soleil à la fenêtre toute bée de sa
chambre secrète. Vous parlez d'un égoïste ! Il
aurait pu aller sur le trottoir, à la vitrine de son
café... oh, pardon ! je voulais dire son *locale*, juste
ça, rien de désobligeant... Bref, il fait le tout seul
dans sa retraite.

« Entre une mouche, une énorme mouche. Une
bourdonneuse, empêtrée, vibrante, noirâtre. À la

mi-novembre, vous voyez ça ? Une survivante, une des dernières de la saison. Une miraculée, en sorte. Elle ne fait qu'un tour dans la pièce, le tour rituel, réglé. Un seul tour, vous entendez ? C'est mieux que les dents du bonheur, le trèfle à quatre feuilles : ça porte une chance incroyable, des succès, la réussite…

« Juste alors – et là, faut me croire – entre, fonce par la fenêtre un autre velu tout bleu, un monstre à dard pointu, genre mouche à carapace, frelon piqueur, bourdon cornu. Vous avez bien entendu ? Le frelon ! En novembre ! Ce cul-bénit de Pandone le regarde virer, frôler, danser. Une fois, hein ! Pas deux ! Une. Rien que. Et puis la mouche à dard s'en va…

« Pas fini, pas fini… Aussitôt le velu parti, là, arrive une large bestiole vert-jaune, je saurais pas dire quoi. Enfin vous pouvez deviner, entrevoir… Elle entre assez gracieuse, se penche pour plonger, zigzague au ras du sol, ne fait qu'un petit giron dans la pièce et file, file à la lumière, au ciel tout bleu !

« Trois fois les mouches n'ont fait qu'un tour ! Merde, alors… Trois bénédictions, c'étaient, ces bestioles ! Trois porte-bonheur, trois angelots qui descendent, te donnent musique, mots doux, froissements, frottements, violons ! C'est le moment où çui qu'est normal prononce son plus beau vœu

23

de l'année, et gagne, rafle tout, la mise, le surplus, la fortune. Même ton ennemi mort, crevure, cadavre, tu l'obtiens, cette fois, j'en suis sûr.

« Mais lui, Pandone, ce triste, cette solitude, vous savez quoi ? Vous ne devinez pas ? Eh bien je vais vous le dire, moi. Parce que j'y étais, ce jour, dans sa pièce. Il avait fini par m'y laisser entrer, le bougre, par lassitude que je le taraude avec ça. Et qu'il n'essaie pas de me démentir aujourd'hui ! Trop tard maintenant, je suis lancé, les vrais mots me viennent et ils sont vifs. Gare !

« J'étais assis derrière, sur la banquette au fond de sa chambre. Lui, il se chauffait le ventre, le nombril au soleil, sous la fenêtre ouverte en grand, agréable. J'ai tout vu, rien perdu.

« Merde, alors ! Vous croyez qu'il aurait marmonné son vœu, même un petiot, un ridicule, minuscule ? Comme de demander bon vin pour son *locale*, le rouge du Volturno, qu'il veut jamais nous en régaler, cet avare ? Non ! Il est resté bec clos, muet ! Une souche…

« Alors je me lance, je lui dis un reproche pas méchant, des paroles normales, en sorte. Mais lui : "Fous-moi la paix, Tisicuzzo ! La sainte paix !

« – Mais fais un vœu, au moins", je rajoute, "un rien, une broutille !" Je me lève, tape du pied et, d'un coup, je lui braille : "Pense à la femme, crétin ! La femme ! Celle qui t'intéresse. Qui vit à

24

deux pas d'ici. Au numéro 12, au cas où tu l'aurais oublié… Elle est seule à cette heure, son frère est au chantier, au turbin. Dis-y ton vœu, là, en plein soleil, et elle rappliquera aussi sec. C'est garanti. Et si le frère revenait à l'improviste, elle trouverait les mots pour l'entortiller, l'expédier aux courses, à la banque, la machine à billets, à tourments. Sûr, Pandone : dis ton sésame et elle vient ici te visiter, dans cet antre, pour toujours.

« – Elle est déjà venue, qu'il me fait, ce menteur.

« – Elle est déjà venue, oui, je lui réponds, venue ménager, balayer ! Pas t'aimer ! C'est plutôt différent.

« – Qu'est-ce que t'en sais, Tisicuzzo ?

« – J'en sais, paresseux, ce que tu m'en as dit et ce que les autres aussi m'ont raconté, parce qu'ils s'étaient pas gênés pour écouter à ta porte !"

« Enfin bref, rien à faire. Cet andouille ne veut pas être heureux. Regardez-le, maintenant : c'est comme s'il m'entendait pas ! Il fait la pierre au bord du chemin. Une misère, ça. Une vergogne.

« Bien sûr qu'il n'est pas le seul, l'unique à s'affliger comme ça, à se montrer faux cul, cachottier de ses plaisirs ! Les Nordeux, les Lombards, ces huiles, ces éminences nous ont cravaché cette lubie : le bon Italien, pour vendre partout ses godasses, ses olives, doit afficher mine longue,

25

lugubre, affairée de souci, de tristesse. Ou imiter le gai Luther, Genève et les jolis petits calvinois. Même à Foggia, cette menterie gagne, et la moitié des bonshommes font la grimace nouvelle, bavent d'amertume, de zèle, de sérieux. Allez, frères d'Italie, entraînez-vous devant la glace ! Apprenez à serrer fin les lèvres, les plisser aigres, bilieuses, exsangues à la saxonne, à la suisse, à la française ! »

Tisicuzzo s'arrête soudain, l'index tendu vers Pandone, sermonneux et menaçant comme un juge, un général de Carabiniers, mais il a l'œil en étoile, brillant, un rire qui le prend, le secoue, éclate. Et nous autres, alors, on est aussi secoués, des soubresauts, le chœur du bar Fidori. Même Pandone est de la partie, se tient courbé, voûté, les bras serrés au coffre, essoufflé.

« Bouh, il finit par dire, l'ami, tu m'as bien prêché ! Promis, juré que la prochaine mouche je la gobe, l'avale ! Et que je file chez Orsola, ma prochaine, ma voisine. Mais si l'accueil est médiocre, tiédasse…

– Oh ! Suffit ! le coupe Nardo, l'oncle Nardo, au seuil du *locale*, un pied sur le trottoir : finis les chamailleries, le chipotage ! On est vendredi après-midi, l'heure que Beppé del Sannio descend tout pressé de la gare vers chez nous, vers sa belle, et faudrait pas qu'il oublie de payer l'impôt, le droit de passage, qu'il nous dise pas, pour la *Dotto-ressa*, hein ? faudrait pas. »

Mais on est tranquilles, tous, on connaît Beppé : sitôt qu'il apparaîtra au bout de la rue ensoleillée, il nous fera signe, de sa main courte, potelée, et Pandone aura à peine le temps de préparer son verre d'*amaro* qu'il entrera dans la salle et, derrière lui, l'ombre, la flamme noire de la *Dottoressa*.

CHAPITRE 3

Beppé tourne au pays

Les trains du Sud partent à l'heure.

On pourrait, on devrait dire : à la minute, à la seconde.

Car, n'en déplaise aux étrangers méprisants, leur ponctualité est maintenant légendaire : c'est un point d'honneur, chez nous, notre revanche de *terroni* – de culs-terreux du Midi – qu'a longtemps accablés le dieu imprévisible et obtus du Retard, du Délai, dont on se défendait mollement par des litanies boiteuses, des devises pitoyables, comme celle que rabâchent Tisicuzzo et Pandone : « Mieux vaut dans cent ans que jamais ; mieux vaut jamais que maintenant ! »

Peut-être nos trains, nos tacots méridionaux, n'arrivent-ils pas à destination, ou seulement le lendemain, ou un autre jour. Mais l'instant du départ est respecté, honoré avec une piété scrupuleuse, la ferveur tremblée des superstitieux, des maniaques qui craignent qu'une négligence, une peccadille dans le rituel ne provoquent le retour de la divinité maudite, vaguement assoupie, ne déclenchent ses coups, sa vengeance de vieux Cyclope aux aguets, de goule insatiable, stupide, qui nous replongerait aussitôt dans le martyre des annulations, la honte des correspondances manquées, le chaos.

Et tant pis pour le traînard, le distrait qui croit qu'on peut lambiner, paillarder au soleil du Mezzogiorno : aucun conducteur ne lui fera la fleur de l'attendre et il ne quittera plus le trou provincial, le cul-de-basse-fosse où il a eu le malheur de voir le jour, la lumière, ce ciel bleu sombre, cet éblouissement grec qu'il voudrait tellement fuir, oublier dans les brumes et les frimas heureux des pays sans soleil. Et en gare de Bénévent, il apprendra vite à ses dépens que l'express de Lucanie ne souffre aucun retard, entame à l'heure prévue le cahoteux voyage qui le mène d'abord par les montagnes jusqu'au Tavoliere, la plaine de Foggia, puis, à travers les jardins d'oliviers, la poussière grise, brûlée, jusqu'à la ville aux moines, aux maisons-grottes, Matera la blanche, la souffreteuse, la morte.

Si bien que Giuseppe del Sannio lui-même, tout important et connu qu'il soit dans Bénévent, se presse chaque vendredi, court comme un gamin pour prendre au vol le fameux train. Car dès qu'il franchit le portique néo-romain, néo-samnite de la gare haute et pompeuse, il n'est plus « il *signor* Del Sannio », un des chefs, une des éminences de la *Strega* – la liqueur nationale, l'amertume, le fiel des fins de repas dans toute la Péninsule –, mais un client ordinaire, banal, que le train de ferraille, l'idole grossière, machinale, n'attendra pas. Non plus que Gorio Prate, un autre habitué, une légende du *diretto* si ponctuel de l'après-midi, le 15 h 53, le tacot qui se traîne tortueusement en cent huit kilomètres et deux heures quarante-six minutes vers Foggia Centrale, son étape principale. Une rivale de Bénévent, Foggia, « la » rivale parmi les villes du Mezzogiorno de moyenne, médiocre ou infime importance.

Bien sûr, quand le minibus de la Strega, blasonné de bandeaux de peinture vert et noir – des couleurs censées évoquer l'âcre et sombre saveur de la liqueur universelle –, dépose Del Sannio place Bissolati, à cinq minutes de la gare, il est encore « quelqu'un », une sorte de chef, une autorité. Par sa masse, la lourdeur proéminente de son ventre, l'épaisseur ronde de son cou de taureau, mais surtout parce que la douzaine de secrétaires ou techniciens que la navette automobile va conduire dans le quartier nouveau du Malestro, sur la rive haute du torrent Sabato, ne s'autorisent que des rires refrénés, des plaisanteries convenables, de celles qu'on lance devant une « huile », un supérieur.

Sitôt que le chauffeur du vendredi après-midi a laissé descendre le sieur Giuseppe – que tout le monde surnomme en sous-main « Beppé » - aux pieds d'une statue moustachue, soutachée et médaillée de héros archi-italien, les blagues tonitruantes fusent dans le minibus, dépouillent Del Sannio de ses oripeaux respectables, et le voilà moqué de faire chaque vendredi après-midi un trajet ferroviaire aussi court en un temps aussi long, alors que son énorme et rutilante auto garée à Foggia – « Si ! Si ! Je vous assure ! » – chouchoutée, briquée dans le garage de son immeuble, lui permettrait de couvrir la distance en trois quarts d'heure ! Risible encore, Del Sannio, de filer comme ça, dès qu'il a quitté la navette, de s'essouffler vers la gare sur ses jambes de nabot, « des jambonneaux ! » s'esclaffent les femmes, les secrétaires, et la belle Luciana surtout, à qui, paraît-il, Beppé a fait la cour – « Si ! Si ! » –, une cour maladroite, une cour de grassouillet dont le front perle quand il regarde une femme désirable.

Et Luciana, dans le bâtiment de la direction, c'est sûr, est vraiment la plus belle : une poitrine, un décolleté, sa robe noire à pois blancs, une transparence l'été dernier, elle était nue dessous, et Del Sannio dix fois par jour qui venait lui dicter on ne sait quoi.

« Oui, oui, maugrée le chauffeur en franchissant le torrent Sabato, oui, peut-être, mais sûr aussi qu'il a une femme à Foggia, sinon il ne garerait pas sa Mercedes 220, une classe E, là-bas dans ce bled ! Ça, c'est pour une femme, une belle, moi je vous dis ! D'accord il est lourdaud, pas très beau, porcinet, un groin, la peau rose, mais de l'argent il en a, il empile. En plus, de la semaine, ici, il ne dépense rien, logé qu'il est à la Résidence de la Strega, un monastère coupé du monde ce machin, une cantine et tout, la télé à fond dans son studio sous les toits, les poutres en chêne, les tommettes rouges, le luxe, et puis le vendredi il prend le train avec Gorio Prate, et Prate a raconté que Del Sannio était parfois attendu là-bas à Foggia par une femme incroyable, une beauté brune à la peau blanche, des seins lourds, magnifiques, ronds et bandés, une déesse dans les musées, les châteaux, Otrante, Barletta. »

« Oh, oh ! » crient les femmes, les secrétaires en remontant la via Rufina avant le torrent Sabato et le carrefour pour le Malestro où tous, même le chauffeur blagueur, beau parleur, se nichent, dorment – « À l'aise, ils disent, et pas cher, en plus c'est neuf et l'usine, les patrons, chefaillons, Del Sannio sont loin, à la Résidence ou dans leurs villas, leurs bunkers ». « Oh, oh ! » elles crient amusées, vaguement inquiètes, mais les voix restent belles, larges, presque graves.

« Et puis, reprend le chauffeur, là, le temps qu'on cause, Del Sannio a remonté toute l'avenue du Prince-de-Naples, les cinq cents mètres, et il arrive à la gare en nage, une pitié, ça nous venge, hein ? nous venge de lui ! Surtout qu'à la gare, c'est horaires et service, les employés, les types du chemin de fer ! Pas comme moi, hein ? La navette, j'en fais bien ce que je veux... Mais à la gare, les bonshommes, c'est autre chose ! Précis, moi je vous dis. Des ouvriers dans la grande tradition, quoi, le travail bien fait, impeccable, et ça connaît pas de patron, d'"éminence", d'*onorevole* ! Del Sannio, plusieurs fois il a manqué l'heure de son train et ils l'ont pas attendu, oui, oui... Un autre jour, Ferrucci, Giorgio Ferrucci, le gourou, l'âme noire du *Cavaliere*, du Premier ministre, il était venu en grand tralala prôner je ne sais quoi à Bénévent, eh bien les cheminots ne lui ont pas fait de cadeau non plus. Vous vous rappelez ? Planté là, sur le quai, l'énorme, le barbu : quelle rigolade ! Alors Beppé... »

C'est juste le moment où Del Sannio tout échauffé, rougeaud, arrive sous le portique, portail, arc triomphal étrusque qui encadre les portes vitrées de la gare monumentale. Et tout en trottant sur ses jambes rondes, « des cuissots, il pense, des cuissots à point ! », il se met à rire, pouffe bruyamment, de lui d'abord, et puis des autres là-bas, la troupe, la cohue du minibus, qui croient se moquer tranquilles, dans son dos : « Normal, il se dit, je faisais pareil avant. Comme eux, oui, comme eux, j'étais de la basse-cour, le fretin, le petit, petit personnel, et je riais du chefaillon, du type à mine sévère qui de son trône en plastique ordonne, commande. Normal, quinze ans déjà, je riais, ils rigolent, les Italiens rient tout le temps, sauf dans la Sila ou le Gargano, mais là c'est que des sauvages, des sombres. »

Le premier employé à le saluer dans le hall de marbre blanc, haut de plafond – un palais, un temple, Paestum, toutes les gares du Mezzogiorno sont doriques, ioniques, impériales –, le premier à lui faire des courtoisies, c'est Andrea, un glacial çui-ci, un cadavre, jamais d'ironie, juste le métier, les convois, les motrices, les trains, ses joujoux miniatures, mais une admiration, une vénération pour Del Sannio, l'homme qui préfère le chemin de fer au bitume, à la route, aux autoroutes : un frère donc, la même trempe, le même sang.

« Ils peuvent rire, se raconte Del Sannio en glissant sa patte molle et moite dans la poigne froide, la tenaille serrée d'Andrea, ils peuvent, les bougres du Malestro ! Mais je sais, moi, je vois ce qu'ils font entre eux, sur l'autre rive. Et ça me fait plutôt peine ! Peur, aussi. La sainte frousse de çui qui a échappé d'un rien à leur sort, leur mouise, la demi-gêne où ils vivotent. Parce qu'ils passent de la prison douce, réglée du travail, des bureaux, de l'usine – et Dieu sait s'il y a pire dans la Péninsule – à la prison dernière, ce quartier loti pour eux les petits, les moyens, ce carré gris de caveaux propres, de sépulcres glacés où ils vont chichement se chauffer, cuisiner leurs angoisses basses, la trouille de manquer, l'avarice de ceux qui n'ont plus faim, et entasser alors du sou, des piécettes, des limailles, chutes d'or, extraire du surplus minuscule, du luisant infime, des richeries de pauvre, vendre leur tranquillité, l'insouciance, la joie même au petit dieu dégueulasse et salopiot de l'Argent, au démon de la Tirelire, du Bas de laine, qui danse lourd et narquois sur nos bedaines, nos carnes ! Et pour une coulée maigre, en plus, misérable, rien sur rien ! Pires, alors, les rieurs, pires qu'un gras, un gros, un rupin de naissance ou un rampant comme moi, échelé à la force du poignet, un tenace arapède qui entasse, entasse et place ! »

« Andrea ! s'entend crier Del Sannio, tu habites au Malestro ? » Et l'autre, obséquieux, mi-courbé, de répondre aussitôt, comme si allait de soi la question sonore, indiscrète dans la foule, le bruit des pas, la cohue : « Risque pas ! On est à Luncanera, les rues à cheminots, en haut de Principe di Napoli, le quartier réservé, comme disait mon père, qui en était déjà, de la tribu, caste ferroviaire. Au moins, tout se passe entre nous. »

« Malin, malin ! » songe Beppé presque jaloux, furieux d'un coup, mais la mine impavide parce qu'il ne faut rien montrer, et l'œil seulement brille, un éclat sale et violent. « Malin, le bougre, le rustre, de rester d'instinct dans les vieux murs, les maisons basses, ventrues, les toitures douces, creusées, de ne pas filer sur l'autre rive du Sabato, au pire, au neuf, dans les immeubles maudits, ripolinés, peinturlurés de vert, de noir, les couleurs de la marque, de la boisson aux herbes, la boisson poison que distille ce trou de Bénévent, ce chaudron, cette bouilloire ! Malin, Andrea, de demeurer dans sa vieillerie, sa ruine, et d'échapper à ces alchimies, diableries qui brûlent, dévorent cette sale ville : la liqueur s'appelle *Strega*, la "sorcière", le torrent *Sabato*, le "Sabbat" ! Rien que des sorcelleries, des incantations néfastes ! Et depuis le temps des huttes, des grottes, des brutes avant Rome, la fumeuse et soi-disant glorieuse époque des Samnites !

« Le premier baptême de cet endroit maudit sonnait déjà bizarre, inquiétant : Malevento, la Malvenue ! Ou le Mal Vent, le vent qui porte poisse... Mais un jour, les légions en marche et je ne sais quel Auguste à nez rouge et couronne de lauriers ont décidé de coller à ce patelin un nom tout neuf dans l'illusion que ça le rendrait fréquentable : et il s'est brusquement appelé Bénévent, la Bienvenue, le Bon Vent... Comme s'il suffisait d'une libation de trois ou quatre syllabes pour calmer les dieux terribles, les goules qui tiennent la ville... Comme s'ils avaient des têtes, ici, à défier un destin funeste, les Érinyes aux ailes grasses, lourdes, qui les étouffent, les tourmentent ! Sauf Andrea, j'espère, et quelques autres, des raretés, un si petit nombre : partout, je crois, on trouve des bougres comme ça, des gars tout seuls qui échappent au troupeau, à la piétaille, à la lie... »

Il sangloterait presque, Del Sannio, malgré la foule, le temps qui presse. Il s'est arrêté, figé aussi raide et droit que ses rondeurs le lui permettent sur le marbre clair, luisant de la salle des pas perdus, dans le bourdonnement nasillard, empressé du haut-parleur qui annonce son train, le *diretto* pour Foggia, avec la liste des correspondances, Bari, Otrante, les rochers rouges, la fin des terres, le moutonnement des vagues... La voix, celle de Michele Sarto, un des chefs de gare, n'a pas parlé des rochers rouges, bien sûr, mais Del Sannio les a vus, et la mer ardoisée, lourde, sombre, qui roule dur devant Otrante, se déchire, écume et bat, sinistre, grondante, percée de criailleries froides, fluides, un grelottis, un marmonnage.

« *Signor* ! *Signor* Del Sannio ! » murmure une voix discrète, élégante. « *Presto* ! Vite ! Le train va partir. » C'est Angelo qui lui parle, l'ange souple et ponctuel du quai 2 venu pêcher jusque dans le hall les passagers retardés. Un uniforme gris impeccable, Angelo, une veste à boutons brillants, un pantalon aux plis toujours nets qui tombent franc sur des souliers cirés, astiqués, noir ébène. « Une providence, cet homme », s'exalte Del Sannio. Une apparition en tout cas qui conjure aussitôt son angoisse du départ et celle, plus trouble, basse et violente, de rester en rade, abandonné du monde, oublié, négligé de tous ici dans le hall, ou dehors sous l'auvent de tôle brûlante qui abrite les voies – le plaisir honteux, sale, immonde, d'être un rien, un avorton croquevillé dans la chaleur, d'avoir manqué à tout et de s'entêter quand même, énorme, obscène et suant parmi les autres, les vestes grises, fraîches et propres à plis sûrs, réglementaires, tandis qu'au loin, sur l'autre rive du Sabato, ricanent les naïfs, les ilotes du Malestro.

Del Sannio n'a pas la force de répondre à l'ange en uniforme. D'autant qu'il s'éloigne déjà dans un froissement sec d'ailes frottées, de tissu rêche, et se précipite vers une vieille dame bavarde et criarde qu'entravent une robe trop longue, 1938 sûrement, comme la célèbre horloge de la gare, et des valises difformes, des ballots bizarres. Angelo l'aide, bien sûr, lui cause, secourable, aimable, l'oriente doucement vers l'entrée du passage souterrain, une plongée de marches grises qui s'enfonce dans la moiteur douceâtre du sous-sol.

Beppé voudrait lui aussi faire un pas vers les voies, le déchirement du départ, l'angoisse du quai, du dehors, échapper au frisson froid, à la suée glacée qui le tiennent immobile, rougeaud, ridicule sous les marbres, les stucs, mais une lueur basse, un éclat blanc lui font tourner la tête à droite, son mauvais côté, le creux à vertiges : dans un recoin du hall, la porte vitrée du buffet s'ouvre par à-coups, repoussée avec peine par une femme pourtant grande, les épaules nues, la peau, la gorge blanches, une splendeur, une beauté – trop belle pour être de Bénévent. Mais elle aussi se précipite, file, disparaît au souterrain, dans l'ombre grise de l'étroit tunnel.

Bien malgré lui, Del Sannio a le temps de revoir par l'entrebâillement de la porte lourde et lente à se refermer la salle confortable qu'il connaît bien, les tables en bois roux, les chaises à dossier sombre, le fauteuil crapaud, « son » fauteuil, et tout au fond, clinquant, étincelant comme les dents d'argent neuf d'un boxeur hilare, le comptoir de métal rutilant, les chromes frottés, les manettes nickelées des percolateurs éclairés *a giorno* par des rampes de néon aveugle. Dans cette lumière blafarde se fige la tête grimaçante, le masque blanc comme plâtre de Mateo le serveur, l'homme aigrelet, fouineur, des vendredis après-midi. Il a reconnu Del Sannio, esquisse un sourire crispé, ouvre une bouche large, amorce sans doute un « bonjour » sonore que la porte grossière étouffe aussitôt en se rabattant.

Beppé n'ira pas au buffet aujourd'hui, il n'est pas en avance, l'Ange le lui a rappelé, et l'aiguille noire des minutes progresse d'un cran, sautille encore au cadran de faïence de l'horloge 1938. Aucun incident cette fois ne grippe les ressorts d'acier, les rouelles dentelées de la mécanique, ne fait grincer, vriller perçant, suraigu, le cornet de tôle du haut-parleur : ni panne au dépôt, ni éboulis, roulement de pierraille sur la voie perdue en montagne, rien qui abonde, renfle encore ces minutes figées, poisseuses, où Del Sannio se débat toujours avec la glu de Bénévent.

Mais le dernier éclat de lumière blanche sur la porte vitrée, la lueur, ce signe tenace dans l'ombre lui rappellent soudain une vision ancienne, splendide et voluptueuse celle-ci, l'éclair de peau blanche et nue de l'Abruna, un soir qu'elle dansait dans la salle du buffet avec Svevo, l'éminent, le respectable Svevo son mari. Mateo le serveur et l'ange gris du quai 2 avaient aussi noté le troublant manège des deux danseurs. À chaque fois qu'ils achevaient une de ces passes lentes et chaloupées où elle ondulait brune et pâle dans sa robe fendue, l'Abruna esquissait un saut de côté fugace, un arrêt imperceptible qui projetait en avant une de ses jambes entièrement nues, la découvrait jusqu'à la hanche. Si bien qu'aux dernières notes coulantes et sucrées d'un tiédasse trémolo napolitain, Del Sannio avait cru l'entrevoir nue, vraiment nue jusqu'au ventre.

Et les autres aussi, qui en parlaient au comptoir avec Mateo la semaine suivante, mais sans plaisanter ni se moquer, parce que l'Abruna n'était pas une femme ordinaire, plutôt une sorte de prêtresse d'Éros, une des nombreuses Aphrodite du Sud, certains disaient même une déesse, la déesse de la nudité. Et puis, en présence de Del Sannio, ils adoptaient un ton de respect, de révérence, une discrétion inhabituelle en Campanie, à Bénévent surtout, mais qui était l'usage de l'autre côté des Apennins, à Foggia, sa terre natale. S'ils prenaient un ton civil, mesuré, c'est qu'ils savaient son histoire, sa délicieuse histoire avec une autre déesse, la *Dottoressa*,

une des reines de Foggia. Et Del Sannio en était
flatté.

Beppé n'a vraiment plus le temps de tourner
la tête vers le reflet blanc, l'Abruna, la femme
qui danse offerte. Peut-être vendredi prochain,
si l'on est en avance, si Mateo le serveur a remis
la musique, les trémolos napolitains ou n'importe
quel succès trafiqué, hululé par des chanteurs de
la via Toledo, des voix louches, veules, comme
ils aiment partout à Bénévent, dans les boutiques, les bars de Vittoria Colonna ou les cafés
de la vieille ville, des rues riches... Même dans
le passage souterrain, dans le ventre doux de
pierre tiède – le tuffeau ocre et tendre dont les
Anciens, les rustres samnites encensés par l'école
et les dépliants touristiques ont extrait des blocs
grossiers, des empilements imbéciles de cailloux
carrés qui forment ici remparts ou fondations d'on
ne sait quoi –, même à douze pieds sous terre, les
gens de Bénévent ont installé des haut-parleurs
grésillants à mandolines, guitares, banjos qui,
entre les annonces cruelles, narquoises de départ
et d'arrivée, brament, hurlent les grinceries, les
sautillements désaccordés d'un orchestre de Santa
Chiara ou Amalfi, les voyelles grandes ouvertes,
obscènes d'un chœur féminin.

Les jours où il entend dès les premières marches
du souterrain le chœur des trois sœurs Lugani

entonner *Tornerai* («Tu reviendras»), Del Sannio sait qu'il a hélas quelques minutes d'avance, et les trois filles préenregistrées, fixées pour toujours sur la bande magnétique louée par les chemins de fer, l'accompagnent bêlantes, couvrent de leurs brailleries rythmées l'écho irrégulier, déréglé de ses pas rapprochés, essoufflés, un écho minuscule, pointu que la musique de ces garces des mauvais quartiers de Naples, des *bassi*, entortille, entourloupe. Il tremble alors d'une crainte, d'une nausée redoublées par ces affreuses roulades, il gravit en hâte, affolé, les marches qui le ramènent à la lumière d'après-midi, à l'œil brûlant, aveugle, du soleil de quatre heures, à la rumeur tranquille du quai.

Aujourd'hui son arrêt trouble, son tournis dans la salle des pas perdus lui a fait manquer la passade, le tangage des trois sœurs, et un glapissement grossier, viril, le poursuit, le harcèle jusqu'à la sortie, une sorte de tintamarre, de rock grotesque beuglé, scandé par une bande de petits mâles de l'Uovo, à Naples, sur le port, des singes à la Maradona, il imagine, velus, plissés, un bonheur... Des macaques à grimaces, des cris, la jungle : l'aiguillon qu'il faut à Beppé pour bondir, se sauver !

Et devant les wagons l'attend l'Ange prévenant, obséquieux qui bat doucement des bras dans sa livrée étincelante : «*Presto, signor !* Vite, monsieur !

Votre train… » Il a insisté sur le « votre » et désigne d'une inclinaison de la tête la double porte sagement ouverte au flanc de l'autorail – un petit, ce train, bas et courtaud, jamais très long, le vendredi, mais les wagons sont à lui, Beppé, rien qu'à lui, a dit l'Ange du quai, les voitures ont été affrétées en son honneur, pour l'aider à partir et, bien sûr, à revenir un jour prochain, très vite, dès dimanche… Quatre ou cinq wagons repeints à neuf brillent au soleil, émaillés de bleu roi, le même bleu violent et vide qui durcit, assombrit le ciel de Campanie.

Quand Del Sannio s'élève sur le marchepied, voilà que la ferraille se met à trépider dans le ronflement grave, bonhomme, des moteurs diesel. En les entendant, Beppé revoit les cylindres, les soupapes sages et simples de son ancienne Vespa ou des Piaggio, des milliers, des nuées de Piaggio qui zinzinnent, cerclent, tournoient dans les rues de Foggia avec un bourdonnement semblable, à peine plus aigu, énervé. « Domestique ! Oui, tous ces engins font un bruit domestique ! Je rentre chez moi dans le tout petit train et il turbine à peine, ronronne aussi bas que l'aspirateur d'Anna, *mamma* Anna au milieu du salon de la via D'Azeglio ! L'aspirateur de maman ! *Mam-ma*, il se répète narquois, *mam-ma*… » Et il contrefait le fils du Sud, le bon fils à sa mère, soumis et honteux, même à cinquante ans, chignant et reniflant devant l'idole énorme, la reine flétrie.

Mais dans la chaleur sèche du wagon vide retentit le coup de sifflet du départ, une sonnaille aigre qui doit tinter à travers la gare, fendre le brouhaha étouffé des bonshommes dans le hall, sur la place – des ombres, maintenant, des silhouettes molles, déformées et plissées, abandonnées d'un coup au creux bouillant, à l'étuve de la ville, tristes et muettes d'attendre jusqu'à dimanche le retour des lâcheurs. Beppé se laisse choir au mitan d'une banquette en feutrine, un nid à poussières mortes, souvenirs étouffants, tourbillons âcres. Les bielles lourdes, bras d'acier pesants, lèvent puis tombent en grinçant, les roues sous le ventre en fer cisaillent les rails, ébranlent les parois, les vitres et le *Diretto* change de régime, grommelle, grogne comme il attaque la première rampe au sortir de la gare, bat les pierres, tape la terre, le sol antiques de ses fouloirs énormes, pistons géants. « Du bronze ! ricane Del Sannio, le bronze sacré des Pouilles qu'on coulait à Manfredonia pour l'empereur Federigo, le bronze des hampes, des lances, çui qui me tient ferme, me durcit raide, me fait sortir, saillir droit de ce trou moite et trempé ! »

Par les vitrées demi baissées s'engouffrent l'air brûlé, recuit au ballast, aux talus jaunis, et le cliquetis des bielles, effréné, un vacarme, le tapage, le refrain qui sauvent, gomment la semaine au sale pays du sou, du travail, de la peine. Del Sannio ferme enfin les yeux : dans un instant, on entrera au premier tunnel, un bref, çui-ci, une vraie douceur, une fraîcheur qui promet les vents coulis, froids, de la montagne prochaine, les gorges à ruisseaux, l'ombre... Un souffle pourtant l'ébouriffe, fétide, indécent, lui passe au visage, lui picote les narines, les paupières lourdes : l'haleine d'un dieu inquiet, aigre et voûté, courbé sur un dormeur offert. Beppé se sent tenu d'entrouvrir déjà les yeux. Une masse sombre se tient tout près de lui à contre-jour, une tête énorme, des plis, des bosses, une gueule large qui halète, respire fort, des épaules saillantes d'athlète de foire... Le contrôleur Pinzolo ? Si tôt venu ? Non, pas avant Irpinia, dans une heure au moins, et il n'est pas si épais, si brun, noirâtre !

« Bonjour, l'ami ! » crie la silhouette proéminente, mâchurée, la trogne sans regard ni lueur. Et impossible alors de ne pas reconnaître cette voix claire, cette gaieté affichée ! Tout le monde sur la ligne l'a entendue cent fois sonner de wagon en wagon, s'annoncer fiérote, m'as-tu-vu. Un peu apprise et appliquée, c'est sûr, une répétition huilée, mécanique, un artifice, un jeu qui voudrait apaiser, rassurer le prochain, l'anxieux, donner un semblant d'ordre à la chute des jours, des heures dans le gouffre, la nuit. « Un bobard, une névrose obséquieuse et lèche-bottes », a souvent pensé Del Sannio qui n'attendait pas si vite son apparition, dès le début du long, du lancinant voyage vers l'oubli, le repos.

Aussi esquisse-t-il un sourire contrit, essaie-t-il de lancer un « bonjour » léger, aérien, mais il n'a jamais su, et une trépidation brutale, une secousse couvre sa voix sourde, hésitante. Il faut se lever, tout de même, s'arracher à la banquette, à la somnolence pour embrasser, prendre l'autre aux épaules, car personne sur la ligne ne refuserait son accolade au chaleureux, au volubile Gorio Prate, un des fuyards célèbres du vendredi après-midi.

« Figure-toi, commence Gorio sitôt qu'ils se sont assis l'un à côté de l'autre, figure-toi que cette fois-ci j'ai failli le manquer ! Si, si ! Moi qui suis toujours à l'heure ! Et je t'ai d'ailleurs vu escalader les marches du passage, foncer, t'engouffrer dans le train. Moi, j'étais derrière, pas loin du tout, mais avec un de ces bagages traînards, je ne te dis pas ! Et aussi avec le poids d'une mauvaise rencontre juste avant, dans la gare. Oui, oui, tu vas voir… Et l'employé du quai 2, cet imbécile, là, je sais plus son nom, il m'a fait signe, attiré en tête, presque forcé, poussé plus loin que toi, pile au moment du sifflet, du départ… »

Et comme Del Sannio ne dit rien, sourit timidement, embêté de ne pas rester seul une heure de plus, une demi-heure au moins, Gorio lui touche le bras, sa rondeur, et s'esclaffe : « Ah, Beppé, toujours le même ! Le seul homme triste du Sud ! Rigole un peu, l'ami ! Fais une risette à Gorio... On quitte ce trou de Bénévent, on rentre chez nous, dans notre patrie ! » Il éclate de rire, et Del Sannio ne peut pas s'empêcher non plus, parce que Foggia, une patrie, ça ne lui va pas du tout, c'est la ville la plus banale, ordinaire du Sud, des rues neuves, bétonnées, il reste trois pierres d'antan, mais c'est derrière le bar Fidori, invisible, interdit à la visite, on peut toujours demander au propriétaire, Pandone, le célèbre Pandone, ça ne servira à rien, à rien, ils sont comme ça, bornés, têtus dans les quartiers neufs, le ciment mort, c'est comme pour leurs femmes, ils gardent au secret des merveilles, des beautés, ils ne veulent pas les montrer...

Tout de même, Del Sannio a du mal à plaisanter aujourd'hui. La gorge lui brûle, râpe, une angoisse sèche, une bourre d'étoupe rêche et filandreuse l'étouffe, le suffoque : Gorio le gêneur, l'importun, est parti pour le tourmenter des heures, des siècles, et après lui, bientôt, un autre casse-pieds va survenir, le pénible, l'horrible qui attend pour l'instant dans la cabine vitrée du conducteur, tapi, planqué à ses côtés, tout contre lui, et porte casquette à visière cirée, sacoche en cuir noir vernissé, une élégance frottée à la maniaque, briquée, éclatante... Adeato Pinzolo ! L'homme au poinçon de cuivre qui clique long comme une crécelle, le virtuose clinquant des contrôles, des tickets, bouts de carton, un autre bavard, causeur, blagueur infini, un homme qui sait rire et vivre : un Italien en somme, un vrai cette fois, pas un Beppé emprunté, sombre et sinistre. «Un brave type, notre Adeato», répètent en dodelinant les habitués du bar Fidori, qui veulent voir en lui un semblable, un double, l'identique parfait, le Rudolph Valentino de la rigolade. Un gaillard en tout cas que ses parents ont tôt dressé à la grimace hilare, au gloussement réflexe, à la roulade frénétique, qu'ils ont poussé dès le berceau à ouvrir grand la bouche, à se décrocher la mâchoire, montrer sa glotte, luette à papa, maman, les tendre, darder, dresser vers eux, des érections de langue, de gorge, des saillies rouges, une pour le père, une pour la mère, ris mon petit, mon fils, ris à mort, sans arrêt, sans raison, ris pour nous plaire, aux larmes, aux sanglots, à l'étouffement...

Après Gorio, déboulera donc Adeato et, derrière lui, la troupe nombreuse, piétineuse de ceux qui s'ennuient, se barbent en voyage, dix, vingt à chaque fois, qui ne supportent la solitude ni le silence, se trahiraient à demeurer muets, dans leur coin, et vont s'abattre comme passereaux piailleurs, sautilleurs aux banquettes vides qui font face à Beppé. « Tiens, tiens, dirait Anna sa mère si elle était là, dans le wagon lent, le tacot lambineur, pourquoi faut-il que tu penses déjà à eux ? Une heure à l'avance ! Comme si ne te suffisait pas le malheur présent, ce type hâbleur, là, Gorio Machin ! Tu es toujours à renifler, deviner ce qui va t'arriver de pire. Mais tu le fais venir, à force, ton tracas, ton tourment ! Tu l'appelles de loin, très loin, tu le siffles à mort comme un sale dogue soumis, dressé, qui somnolerait dans la crasse à bonne distance ! Imbécile ! » Anna crierait ça dans le wagon, secouerait sa haute et savante coiffure, des boucles teintes au brou de noix, au goudron noir, un étagement, empilement de faussetés, jeunesses, accroche-cœur, la coiffe d'une prêtresse parleuse, éructant sans repos la litanie des reproches, la kyrielle des griefs, des cris rauques qu'elle égrène à son fils dès son arrivée au soir du vendredi dans l'appartement sombre de la via D'Azeglio. Anna a raison, bien sûr : dans les humeurs basses, troubles, les mères ont de la raison, de la vision, il faut se répeter ça, elles sont infaillibles, puissantes, et Beppé le fils arpente avec jouissance sa vallée de larmes, s'y complaît,

51

chemine ébloui, rompu, demi-mort, d'épreuve en souffrance, de mal en peine, et n'attend, n'espère rien d'autre.

« Pauvre Beppé, tu as le front qui perle », murmure Gorio vaguement affectueux, presque doux, en tout cas bien plus que le vérificateur Pinzolo qui ne prendra aucun gant pour le faire parler, le relancer, lui administrer la question, le supplice de l'interrogation, prétendant que c'est leur talent à eux les Pouillots, les pouilleux, de questionner, faire parler le prochain, que l'empereur Frédéric, le bon Federigo, le savait qui appelait nuitamment dans sa chambre de Castel Del Monte des petits paysans de chez nous, tout roses, tout frais, à seule fin qu'ils lui demandent, demandent et demandent encore… Et la venue du contrôleur sera le moment le plus suant, cruel du voyage, car le bougre au poinçon connaît les dons de Beppé, ses belles histoires, et veut toujours en profiter vite, en brute enflammée, violeur du Sud, avant l'arrivée à Foggia et la dispersion des passagers place de la Gare.

« Sais-tu… ? » répète patiemment Gorio, inquiet que Del Sannio ait la face soudain molle, boursouflée, une tête, des regards mourants, et qu'il n'ait pas répondu d'emblée à sa question. « Sais-tu qui trône dans la première voiture ? » Beppé s'ébroue, secoue lippe et bajoues, la peau plissée, l'ombre terne du cou, et bafouille inaudible : « Non, j'sais pas. »

« Mais si ! reprend Gorio, l'index pointé contre sa tempe, réfléchis ! Tu sais très bien qui occupe la première voiture ! Et je viens de comprendre que tu le sais forcément. Parce qu'il m'est revenu que je te suivais dans le souterrain, puis sur le quai, et que tu as dû voir la belle, la grande, forte femme qui bondissait sur le marchepied du wagon de tête, les jambes nues, la peau blanche, la peau éclatante de blancheur, et aussi… » Égrillard, hilare, il fait désirer la fin de sa phrase, esquisse un geste des deux mains à hauteur de poitrine, les paumes bombées, projetées en avant, deux coupes larges, gros ballons, nichons ronds.

« Mais qu'est-ce que tu crois ? maugrée Beppé pour lui-même, en secret, dans le tréfonds (et il a la tenue, la retenue qu'on a dans le Sud, nous, on n'est pas des Toscans, des Romains, des papelards). Que je vais susurrer pour tes oreilles rouges, décollées, plus obscènes encore que vendredi dernier, le nom bandant de l'Abruna ? Ou que je vais le crier, brailler en tapant des mains ? Alors que je ne l'ai vraiment pas vue élever son cul ferme et fessu au marchepied de la première voiture, juste filer, peut-être, en coup de vent, en tourbillon dans le hall de la gare, mais c'était un reflet pâle, l'éclair d'une peau brune et blanche avalée, aspirée par le

passage souterrain, la galerie tiède. Con ! Crétin !
Bien sûr que je me doute qu'elle ne s'est pas
envolée, la belle, ni jetée sous le train ou cachée
derrière le dernier pilier de ciment au bout du
quai ! » Del Sannio rageur, tendu de colère, fixe
enfin Gorio, et son regard se fait si dur que l'autre
hésite, ne rit plus et murmure doux, mouillé, le
nom attendu.

Beppé s'entend répondre de sa voix de bureau,
le matin à la réunion froide et pincée de dix heures
dans la salle grise à vitres teintées, une voix forcée,
presque grossière, une voix de chef qui ne veut pas
qu'on réplique : « Elle est donc là, cette laie, cette
femelle ? »

L'autre se fige, froissé, heurté qu'on traite ainsi
la plus belle de la ligne, un mystère, une rareté, et
un souvenir aussi, l'incroyable souvenir d'un trajet
précédent, l'hiver dernier, aux grands froids, aux
gelures.

« Mais Beppé ? Tu ne te rappelles pas ? Février,
la neige étincelante sur la voie, le col tout blanc du
Monte Meriso, le mur de glace dans la descente ?
Elle était malade, une grippe, fièvre, du tremblement, je crois... Elle s'était endormie sur une
banquette bleue des premières, tout contre moi,
épuisée, sans penser à mal. Tu revois, hein ? Tu
revois ? T'as pas perdu cette vue-là ? T'es pas de
ceux qu'aiment que la nuit, le noir, et veulent

plus rien garder de nos lumières, du soleil, des jours brillants ? Ça serait gâchis, soupe de suie, aveuglage ! Aveuglage ! T'entends ?

« Tu étais assis face à nous, et le contrôleur, le nez long, Pinzolo, t'a rejoint ; et l'assureur des Generali, Baldi, le minuscule Baldi, que tu peux pas l'avoir oublié, lui, et ses yeux ronds qui lui sortaient de la tête... Impossible, impossible d'oublier... Y avait aussi le gars de Barletta, le *dottore* je ne sais plus quoi, un architecte, un qui tire des plans, des traits en tout cas... À force, vous étiez bien douze, quinze sur la banquette, autour, grimpés aux porte-bagages à regarder la belle dormir contre mon épaule. Et comme le chaud, la fièvre la brûlaient, qu'elle en avait le rouge au front, aux joues, je lui ai demandé (fraternellement, hein, en tout bien tout honneur) si elle ne voulait pas un peu d'air, de fraîcheur. Elle a dodeliné et m'a permis de lui retirer, avec les lenteurs, la précaution qu'il faut, le lourd manteau noir qu'elle avait gardé par fatigue depuis Bénévent. Là, tu vois, pendant mes petits mouvements, mes délicatesses pour pas la secouer ni la serrer de trop près, sa tête, sa belle tête brune se met à glisser, roule d'un coup sur mon torse. Alors, tu vois, hein ? Pour l'aérer vraiment, j'ai juste écarté un rien le haut de son chemisier rouge, voilà, voilà... Pas grand-chose, quoi, mais l'a bien fallu que je détache le plus haut bouton qui l'étranglait, la pauvrette, que ça faisait peur.

« Enfin, tu n'es pas dans ton assiette aujourd'hui, Beppé, de pas revoir tout ça ! Et de me le faire raconter, en plus, débiter, dégoiser, alors que ta version est la meilleure de toutes, que tu en as fait une légende au bar Fidori, un poème de théâtre, une déclamation fignolée pendant des semaines… Faut pas te moquer de moi, là, peut-être, hein ? Parce que t'as longtemps fait l'homme sûr, le fier-à-bras avec cette légende, et que si t'as perdu la vue de cette belle à moitié nue, t'as dû garder au moins la mémoire de son parfum, un machin français, de Paris, à ce qu'on dit…

« Tu avais un sacré contentement à me regarder détacher le bouton noir de son chemisier, ça, j'en jurerais, parce qu'à ce moment t'as soupiré comme les autres, là, les entassés de la banquette, t'as manqué t'évanouir en découvrant l'échancrure bien large que j'avais ménagée, un balcon, une vue plongeante sur ses seins blancs, la pâleur laiteuse, la blancheur de perle des filles de Calabre, des Grecques de par là-bas !

« Et puis dans votre rumeur, grognerie à vous tous, le souffle, piétinement du troupeau, elle s'est retournée lentement vers la fenêtre, le soleil aveuglant, la neige, a écarté sans le vouloir – ça, c'est sûr, parce que sinon, Svevo son mari, *l'ingegnere* Svevo, tu le connais, il lui aurait fait un drame au retour – a dégagé comme ça, naturel, les deux pans de soie rouge, fripée, fine au toucher, et fait jaillir ses seins, oui, oui, les deux en même temps, bien serrés l'un sur l'autre, deux mamelles rondes, lourdes, deux… deux… Enfin, je sais plus ce que tu disais, toi, t'avais des mots, là, qui nous plaisaient drôlement pour la pointe sombre des tétons, une fleur violette, étalée, je crois, et le bout bien dressé, hein ? durci, bandé, tu disais…

— Je n'ai jamais dit ça, moi ! crie soudain Beppé. Jamais des vues pareilles, fleurs arrachées, déchirées, lambeaux de visions ! Tu mélanges, tu confonds !

— Je confonds ? Je confonds la fleur, la violette… le… les pétales… avec quoi ?

— Tu confonds avec la *Dottoressa* de Foggia ! La peau de perle, la pâleur grecque ! La seule qu'on connaisse, nous tous ! T'as pillé, volé mes histoires du bar Fidori, et elles te reviennent par petits morceaux rongés, des miettes sales, des rognures. À cause du train, des secousses, déplacements, tu ne saisis que des bribes, des éclats, des vues pressées, rapides, guignées de côté, de guingois. Tu ne peux pas faire autre chose : une œillade au paysage, une aux voyageurs, un sein qui renfle, une jambe qui pointe… Tandis qu'au bar Fidori, sur la terre ferme, immobile, moi je vous montre, dépiaute, dessine la *Dottoressa* tout entière ! Une peau, des rondeurs, plissures, paysages infinis ! Pas des arpents minuscules, chiches, comptés, ni des bouts de chair grise, quartiers, pièces de viande qui marronnent à l'étal ou faisandent au crochet, façon Petacci, Clara Petacci, la fille pendue par les pieds, ventre découvert ! Moi, je vous donne la reine de Foggia, et je vous la fiche là, campée nue, vive et archi-nue dans sa ville, sur les places, aux carrefours passants, une offrande, une indécence, une obscénité qui vous ravage, secoue, ligote sans répit, relâche, vous pique, tourmente, et force à ne regarder, visiter, explorer qu'elle !

« Elle seule ! Nuit et jour ! Tu peux entendre ça ? »

Il a martelé, hurlé les derniers mots, la question infâme à Gorio qui reste interdit, penaud, blessé sur la banquette.

« Mais Beppé…, finit-il par murmurer, je n'ai rien trafiqué pour l'Abruna : peut-être que je t'ai chipé le pétale, là, cette histoire de fleur, mais je te l'ai dit, en plus, et tout de suite… Maintenant, la scène du jour de neige, février, elle a eu lieu en vrai, comme j'ai raconté. Et l'Abruna nous les a livrés, montrés, ses fameux avantages, ses dômes ! Même que Pinzolo, le contrôleur – et tu peux lui demander tant que tu veux –, il s'est mis à faire la lippe avide, la bouche d'Abruzze…

— Tais-toi ! Un obsédé, ton Pinzolo ! "Un brave homme", vous dites ! Tu parles ! Un taraudé, oui ! Un travaillé du dedans, un dévoré sinistre, malheureux ! Pas un admirateur de Vénus, de la beauté nue ! Incapable ! Lui comme toi, vous êtes incapables de servir, de faire les servants, les chevaliers rampants, courbés !

— Je te comprends pas, Beppé : on aime les mêmes choses, tous ! Les belles femmes ! Arrête de...

— Non, Gorio ! Vous êtes de vulgaires mateurs, de pauvres amateurs de strip-tease, de boîtes de nuit minables au public figé, muet, angoissé ! Entassés le samedi soir dans les salles communales, silencieux, suants aux pieds des effeuilleuses qui font la tournée, Barletta, Trani, Molfetta, un trou, bled, puis l'autre, encore plus petit, mort, poussiéreux. Et les mois d'hiver, s'il te plaît ! Qu'il fait nuit noire à cinq heures ! Qu'on ne voit que des chats squelettiques, miauleurs sous les arcades, et vous autres, en parkas sombres, bleues, la tenue des bonshommes honteux qui filent zieuter les filles ! Parfaitement : il n'y a que vous, vos gros yeux fous sous les voûtes, dans les recoins sombres.

« C'est fin novembre que les séances débutent, pas vrai ? *Girasole*, "Le tournesol", ça s'appelle, la société anonyme de strip-tease... "Le tournis", "Les tourneboulés", on devrait dire ! Quarante spectacles par mois ! Deux par soir dans certains quartiers ! Dix euros l'entrée à Molfetta, douze à Melfi, Margherita di Savoia, mais vingt à Tarente ou Lecce. Va savoir pourquoi…

— Tu es drôlement bien renseigné, Beppé ! Pour un qui se pince le nez devant nos cochonneries, ça fait bizarre.

— C'est ton Pinzolo qui m'en rebat les oreilles chaque vendredi : une liste, un tarif, ton ami le contrôleur ! Incollable sur le nom, les signes particuliers des filles, des dizaines pourtant, une meute, une tribu qui s'active les soirs d'hiver pour la survie des mâles tristes du Mezzogiorno !

— Et quand tu nous racontes la *Dottoressa*, tu ne nous l'offres pas en spectacle, peut-être ? Sur l'avant-scène, tout exposée, éclairée aux spots, aux néons blancs ?

— Non ! Je viens de te dire que non ! Tu comprends ce qu'on te dit ? Ou tu es comme les autres, un pauvre type à bouche bée et courte queue ? »

Gorio se redresse d'un coup, une raideur, une froideur inattendues face à Beppé. Pas du tout le Gorio affable, ni le Sud bavard, ni Foggia qui jase : une brusquerie, une immobilité gelées… Un Lombard, soudain, ou un Suisse, un Germain, un gars qui vit sous le blizzard, la neige, les glaciers.

Tout de même, il ne peut s'empêcher de lever les bras au ciel comme s'il allait éructer, exploser, le vieux réflexe de chez nous, la colère, la comédie, les mots furieux qui ne portent pas, se perdent, n'atteignent jamais personne. Mais rien ne lui vient aux lèvres, ne jaillit, ne se déverse sur Beppé vautré, collé à sa banquette. Il reste muet devant l'autre, la masse épaisse, indifférente, oublieuse.

Gorio fait deux pas secs vers la porte du soufflet, en secoue l'énorme, la pesante poignée chromée. Le fracas des boggies, des essieux s'engouffre et roule au wagon vide, tonne, tinte dur, assourdit. La vitrée lourde tremble, retombe, claque sur son ombre nettement découpée, sa silhouette inclinée, un profil aiguisé, étiré, qui se fige un instant puis soudain disparaît, laisse bondir la lumière, le reflet clair des falaises, des rochers qui filent le long du convoi lancé.

Il n'y a pas eu Gorio, rien, mais le plaisant voyage, la solitude, le roulis, le balancement du wagon, les rais du soleil oblique, le bourdonnement têtu, hargneux de la motrice diesel, ses fausses notes aiguës, stridentes dans les montées, les ravins, les tunnels. Et sous les paupières closes – douces, soyeuses, légères –, une nuit bleue, étoilée, s'ouvre profonde à l'aplomb de Foggia, de la Piazza del Giardino, immense, blanche et lunaire, et du *Corso* bondé, bousculé de figurines noires, minuscules.

C'est la première heure de la nuit, l'heure délicieuse où Beppé va donner sa plus belle leçon à Gorio, racheter d'une seule prouesse les centaines de trajets, de retours au pays gâchés par les bavardages, les ratiocinages de l'encombrant voyageur.

Beppé marche régulier, calme et posé dans la foule braillarde du *Corso*. Il se voit avancer tranquillement (il se voit presque toujours de la sorte), fendre avec aisance la cohue, les vagues de la *passeggiata*, le flot des promeneurs. Une caméra se déplace, recule devant lui. Elle n'est pas portée à l'épaule mais bien plus haut, non pas à hauteur d'homme mais à hauteur d'ange. Et Beppé a une prestance magnifique, il a recouvré force et puissance au contact du sol natal, aux baisers, aux embrassades de sa mère, *mamma* Anna, et à la vue de sa Mercedes classe E, un bijou rutilant, un diamant noir. Il rayonne d'un tel calme, d'une telle égalité d'âme que les autres, babillards et agités, s'écartent quand il les croise ou, mieux encore, quand il arrive sur eux par-derrière, sans un bruit, pour les doubler ! Un miracle, un signe, cet effacement de la foule sur son passage ! Il avance placide, heureux, et chacun dans la nuit claire remarque ce visage illuminé d'un sourire

serein, large et bouddhique, « italo-bouddhique »
corrige tout de même Beppé, fier pour une fois
d'être gros et gras comme on est souvent dans les
Pouilles.

Mais il prête surtout l'oreille au frottement
feutré, au trottinement qu'il entend dans son dos
depuis une heure qu'il est ressorti de chez *mamma*
Anna, un effleurement léger mais incessant, un
grignotement qui ajoute à sa joie, à son extase
hindoue, orientale : le glissement furtif de baskets
américaines, fines et aériennes, sur les trottoirs
usés, polis et adoucis de Foggia, le faufilement
souple des pieds légers, rapides, sportivement
et discrètement chaussés, de Gorio le pénible,
l'encombreur, Gorio le fouineur, le curieux !

Car l'homme du train n'a pu résister à la tentation, au vice de voir, de savoir, et depuis la gare
a suivi Beppé jusque chez lui, puis chez sa mère,
et l'a traqué encore, devancé même, via delle
Vittime Civili, quand Beppé, sur le tard, très tard,
a fait mine de se rendre au bar Fidori, avant de
bifurquer, zigzaguer, pour finir via della Conca
d'Oro, au pied du palais Rosa, un bel immeuble
xixᵉ siècle, mouluré, sculpté bourgeois, boursouflé,
une pierre noble et pâle comme la peau ivoirine de
la *Dottoressa*, de l'étoile nue de Foggia, qui niche
au dernier étage du palais, là où le balcon laisse
voir la ville entière, les avenues éclairées, et même

la campagne, la plaine éteinte et, très loin sur la mer grise, argentée, la silhouette renfrognée du Gargano, un rocher bleu sombre, ourlé du liseré noir de la forêt d'Umbra.

Quel voyage il a fait faire à Gorio ! Ce qu'il l'a promené par les rues obscures ! Pour couvrir trois cents mètres à vol d'oiseau, ils ont pris d'abord une traverse de la via d'Azeglio, puis une deuxième, là-bas, au-dessus de Carducci, la piazzetta Carducci, ensuite ils ont descendu un bel angle droit, net et assez froid, mais c'était pour rien, en vérité, pour rien du tout, puisqu'ils ont amorcé aussi sec un retour et remonté la perspective trop bien alignée du Vingt-Septembre...

Et Gorio qui n'y a vu goutte, s'est laissé balader pendant des heures ! Quel imbécile il fait, tout de même, quel pauvre type à bouche bée, langue pendante ! Le voilà qui s'est mis à l'arrêt quelques pas derrière Beppé : on dirait un chien pataud, un labrador inexpressif ! Il fixe la main, les doigts de Beppé, il observe ce qu'il redoutait de jamais observer : l'autre appuie sans hésiter au poussoir d'une sonnette, et presque aussitôt, du milieu de la rue où soudain les autos, les Piaggio font un effrayant silence, retiennent leur boucan, les borborygmes grossiers de leurs tripes de tôle, on entend nettement retentir dans l'interphone la voix rauque et suave de la *Dottoressa*, on la goûte, on la détaille, on voit sa bouche, ses lèvres rouges, fraise écrasée, répondre, articuler une phrase incroyable, douloureuse, tourmentée, et la porte à vitreries, à fers lourds, tordus, contournés, grésille pour s'ouvrir, s'écarte sur Beppé, un crissement, grincement ironiques, une moquerie jetée au nez et à la barbe du misérable espion, de Gorio vaincu, humilié.

Mais enfin il ne faut pas te plaindre, Gorio Prete ! Cent fois tu as torturé Beppé avec la *Dottoressa*, avec les mêmes images, les mêmes questions. Et aujourd'hui, parce que tu as entendu sa voix grave et fendue, une phrase enjôleuse et troublante qui ne t'était pas destinée, tu dois payer ! C'est simple et antique, beau et tragique comme la loi du Talion. Tu dois verser ton écot, ton obole aux puissances, aux démons qui te tiennent, et donc te précipiter au bar Fidori pour tout raconter.

Qu'est-ce que tu attends, maintenant ? Beppé est pressé, s'énerve, piaffe d'assister à sa revanche, à son triomphe. Lambiner en pleine rue ne sert à rien, t'expose à de plus grands dangers. Il y a quelque chose que tu ne comprends pas ? Ta faute, la nature de ta faute ? Si tu avais deux sous de jugeotte, tu saisirais qu'à force d'épier Beppé, tu t'en es fait l'obligé, l'esclave même ! Hé, hé ! Ça ne te donne pas envie de rire, cette idée, aujourd'hui ! À chaque voyage entre Bénévent et Foggia, tu t'es ligoté à lui. En t'épuisant à le faire parler, tu lui as vendu ton âme, ta vigueur, ton sang… Fort, Beppé, beaucoup plus fort que tu n'as cru ! Aussi as-tu intérêt à aller vite, à filer au bar Fidori raconter la vérité nue, la révéler, la livrer aux amis, aux voisins, au chœur viril de Foggia. Oui, il ne faut plus perdre une seconde, ou tu arriveras après la fermeture, la dispersion des clients, des habitués, et resteras simplement l'homme du train, celui qui ronge ses semaines à préparer ses ruses du vendredi, ses pièges compliqués, ses questions à Beppé ! Un serf, un vilain, un gueux devant son maître et seigneur.

Bien sûr, tu peux objecter que tu n'es pas le seul à tourmenter ton prochain de questions indiscrètes, de saillies cruelles, à l'épuiser de suppliques bizarres, demandes obscènes : tous les Italiens font ça, surtout ceux du Sud, du pays des ruines, du désert de cailloux. Ça occupe leur tristesse, leur noirceur, ça les divertit du vide, du loisir angoissant de vivre gras, d'être enfin bien nourris, repus, comblés, des gros ventres, des bedaines, plus jamais les avortons maigres, affamés, les brimborions éphémères qui jadis vérifiaient, goûtaient à chaque seconde la grâce insolente et incroyable qu'on nous fait d'être en vie. Mais reconnais que tu as brillé, excellé dans l'art sombre et tortueux des questions subtiles, malignes, qu'avec

Beppé tu croyais avoir inventé l'os à ronger, l'os perpétuel…

Mais quoi ? Toujours raide immobile au mitan de la rue obscure, entre les deux files contraires d'autos, de Piaggio phares allumés qui bombent, grondent, zinzinnent ? Pile où il ne faut pas, où il est dangereux de rester ! Tu ne vas quand même pas t'amuser à ça, jouer au suicidaire, au désespéré, parce que tu as appris de la bouche même de la *Dottoressa* que tu avais tort, complètement tort sur Beppé ? Tu ne peux pas te faire renverser par ce camion énorme qui fonce en bringuebalant au centre de la chaussée ! Tu n'en as pas le droit, c'est trop commun, facile, une lâcheté ! Une veulerie bien italienne, en tout cas d'Italien d'aujourd'hui… Non, c'est interdit, ça ! Par la religion de ton baptême, d'abord, qui ne veut pas que tu prétendes choisir le moment et l'heure, n'est-ce pas ? Et puis par ce sens du ridicule que tu as cultivé toute ta vie, que tes parents t'ont inculqué, enfourné comme une valeur suprême, un absolu, et qui t'impose de remarquer que le camion aveugle qui va t'écraser, te broyer, est chargé à bloc de milliers de pastèques ovales, obèses, dix tonnes peut-être d'un fruit qui ne coûte pas trois centimes le kilo, du fruit des pauvres ! Gorio ne peut pas disparaître sous une montagne de cucurbitacées aqueuses, se fondre dans une bouillie rosâtre, écœurante, une mêlasse où l'on ne pourra même pas distinguer sa chair à lui, juteuse et douceâtre, de la pulpe sucrée, vulgaire du fruit grossier…

Il y a pire, Gorio : sitôt que la nouvelle de ta mort aura atteint le bar Fidori, tes amis vont croire que tu te seras fait écraser en te rendant chez la *Dottoressa*, que vous aviez une histoire, des passades, que les fariboles que racontait Beppé n'étaient que diversion, écran de fumée. En tout cas, ils vont répandre ce bruit, cette forgerie, s'en divertir, nourrir, empiffrer. Du coup, Beppé redeviendra le fabulateur du direct pour Foggia, et chaque vendredi, cher Gorio, un autre de tes amis sera condamné à prendre ta place dans le train du retour, et je ne vois guère que Pinzolo, Adeato Pinzolo, qui fasse le voyage avec la régularité d'un pendule, et c'est donc lui qui sera désigné, chargé par la tribu, le chœur de Foggia, sacrifié pour aller tourmenter, questionner Beppé jusqu'à ce que la vérité le frôle un jour à son tour de dangereuse manière !

Mais c'est bien, Gorio : au dernier moment tu as compris, tu t'es écarté, tu as fait le demi-pas de côté, le rien qui sauve. Ainsi t'es-tu préservé, bien sûr… Tu as prolongé ton séjour parmi nos silhouettes à peine esquissées. Mais tu as aussi, même si c'était le cadet de tes soucis, épargné

Pinzolo : d'une certaine manière, tu t'es fait son libérateur, tu l'as délivré. Car il faut imaginer quelles chaînes il aurait dû traîner si tu t'étais vulgairement éclipsé, laissé prendre : des chaînes de bronze pesant, les mêmes qui cisaillaient aux épaules le cuir tanné de tes ancêtres quand ils trottaient courbés derrière le char clinquant d'un chef vainqueur, jadis, au bon temps de l'Empire, aux jours de triomphes, de hurlements, de défilés.

Et maintenant, pour les siècles, Beppé, le grand Beppé tourne au pays, une ombre allongée, effilée par la lumière blanche et fine des étoiles.

CHAPITRE 4

Barletta

Pandone ferme la porte vitrée du bar éteint, désert.

Sur la via Fidori glisse au ciel de nuit la lune froide et ronde.

C'est le signe qu'attendait Nardo pour faire démarrer son auto, quitter Foggia, le vacarme, la foule, et filer sur la route droite et vide, la percée rectiligne qui court à Barletta, le port étroit, la mer remueuse.

Là-bas, au flanc de l'église San Sepolcro, un lion de pierre blanche tourne tête et gueule vers la ville aux rues noires, obscures, aux toitures claires, baignées par la lumière laiteuse de la lune immobile. À belle hauteur le lion aux pattes torsadées : dix mètres au-dessus des promeneurs, douze même si on jauge bien. Crinière en boucles serrées, mâchoire entrouverte, il regarde le corso Vittorio Emanuele et le début de la via Garibaldi, l'alignement des maisons nobles, des palais à balcons et corniches.

« Dis-moi, Gelsemina, dis-moi ! Depuis combien de temps le lion là-haut se tord les pattes ? » La voix perchée de Lucia fend la rumeur basse de la rue, de la foule serrée, lente. « Mille ans, hein ? Je crois que c'est ça… Mille ans, ma Mina, tu te rends compte ? » Et ravie de sa déduction, elle bat des mains, éclate de rire, une vraie gamine.

« Remarque, elle reprend aussitôt, on s'en moque bien, du lion de pierre. On en parle, on se raconte son histoire en passant dessous, repassant, mais jamais on ne lève la tête vers lui ! Tu m'entends, Mina ? Pas une d'entre nous qui lui jette un coup d'œil !

« Est-ce que tu te rappelles, toi, l'avoir jamais observé ? Non ! Et toi, Camélia ? Pas la peine qu'on te demande, à toi, Camélia : pas assez haute, grande, ma sœur, pour voir autre chose que nos épaules dans la foule de la rue, le soir, à la *passeggiata*. Alors, te démettre le cou, te jucher sur la pointe des pieds, des bottines, pour regarder la bête de pierre…

« Peut-être que depuis mille ans pas une femme de Barletta ne l'a fixé, le lion ? Sauf les Obiachi, les Irpini, parce qu'elles l'ont sous leurs balcons, leurs balustres, ces belles dames ! Mais je ne suis pas sûre, oh non… Souvent, le matin, quand je pars ouvrir le magasin, je les entends pousser leurs fenêtres, battre les tapis, les draps. Ce qu'elles parlent, les Obiachi, les Irpini ! Des moulins à paroles, tout comme nous, vous savez. Un beau palais, un grand nom, mais elles n'arrêtent pas. Alors le lion…

« On devrait demander aux maîtresses d'école, aux professeurs : eux, ils l'analysent, l'expliquent tout le temps. L'histoire, la grande histoire d'Italie, forcément, ça les occupe. Comme on a été une capitale, le centre de l'Empire, du monde, il faut bien s'intéresser à cette bête, à ce qu'elle fait là. Eux, au moins, les savants, ils ont dû l'étudier, l'examiner.

« Ma mère me dit que les étrangers s'y intéressent aussi. Ceux qui ne sont pas de la ville. Tu les vois le soir, nez levé dans la foule des promeneurs, à guigner le fauve, la crinière. On les reconnaît à ce détail : la tête dressée dans la cohue. Et on ne va pas faire comme eux : les histoires d'animaux, de félins, on pourrait leur en rebattre les oreilles.

« Le baron Calproni jamais ne lui accorde un regard, à ce pauvre lion. Mais il pourrait t'en parler dix jours ! Intarissable ! Il devrait écrire là-dessus, lui qui a fait tant de livres sur notre capitale. À Milan, me disait Rosa l'autre jour, on connaît Calproni, il fait autorité…

« Mais tu te rends compte ? Capitale ! Ca-pi-ta-le ! On serait le cœur de la Péninsule, de l'Empire même. D'accord, il n'y a plus d'Empire depuis longtemps, les derniers rois, Victor Emmanuel, Umberto, les Américains. Mais imagine : on serait une métropole. Ce soir, on ne tiendrait pas tous dans la rue. Et peut-être que les palais accueilleraient des ministères, ou des ambassades ? Simonetta, tu vois ça ? Chez les Obiachi, l'ambassade... l'ambassade russe ! Des blonds aux yeux glauques monteraient la garde devant le porche, des espèces de cosaques !

« Des quartiers neufs pousseraient dans la plaine, vers l'Ofanto, sur les berges où le terrain ne coûte rien. Des centaines de rues, belles, larges, bien tracées, comme à Foggia, Bari. Des jardins publics. Un métro ! Un million, on serait un million... Tu vois le magasin, la clientèle ?

« Et puis le roi, le petit Victor Emmanuel, quand il est parti en 43 sur son drôle de bateau, c'était juste à côté, après tout ! Pour faire la route jusqu'à Ortona, Pescara, Nardo, mon Nardo dans son auto noire met une heure et demie, pas plus. Alors il pourrait bien revenir, le roi, mais pas à Pescara : ça suffit, chez eux, ça porte malheur... Pour son rétablissement il préférerait ici et on aurait de nouveau une reine, une infante. Est-ce qu'ils se prendraient l'évêché qui a au moins dix salons, l'escalier de marbre, un balcon ? Mina, c'est bien ton amie de Foggia qui visite sans arrêt l'évêque, là, dans son palais ? Comment s'appelle-t-elle, déjà ? Tu ne vois pas ? Mais si ! Celle qui n'a pas de prénom. Celle qui est juste la femme du *Dottore* Rémolo, je crois… C'est ça : la *Dottoressa*, la fameuse *Dottoressa*, la belle que ce pauvre Beppé promène parfois dans son carrosse à lui, sa Mercedes énorme. Eh bien, la *Dottoressa* dit que là-dedans les meubles sont des merveilles, des sortes d'antiquités, des authentiques. Un roi s'y sentirait drôlement bien. Et la place, en tout cas, est assez grande pour les mariages princiers, les fêtes luxueuses.

« Gelsemina, ma sœur, où vas-tu, d'un seul coup ? Je t'ennuie, mes histoires te font fuir ? Ah, pardon… Je n'avais pas vu que tu causais à Wilma. Mais Wilma, qu'as-tu fait ? Un 15 octobre ? Déjà ? Bien sûr qu'il fait froid ce soir, et sec. Mais un 15 octobre ? Non, c'est trop tôt, vraiment. La mienne dort encore dans l'armoire, au fond, côté hiver. Cent cintres surchargés, robes, vestes, manteaux qu'il faut que Nardo décroche, dépende, mais pas avant des semaines, tout de même. C'est vrai qu'on en a croisé d'autres, ce soir. Et mes deux couturières, j'ai vu, l'ont remise. Oui. Le ragondin de Stefania et l'astrakan de Livia.

« Mais moi, je dis comme ma mère : pas avant novembre ! En octobre, on n'est pas entré dans la saison et ça fait bizarre, pas à sa place. Dans un mois, ce sera différent, et on pourra commencer à les montrer, à les sortir. Et puis quel plaisir d'attendre encore, de patienter quelques semaines ! Pourquoi se presser ? Pour être la première ?

« Tiens, Francesca aussi a mis la sienne. Lépreuse, depuis deux ans, une pelagre… On croirait le tapis de l'Olmeto, dans son salon. Oui : une peau de lion, une vieille pelure que son père lui a rapportée d'Éthiopie en 39. Usée, la pauvre bête…

« Vous avez raison, c'est la peau du lion ! Le nôtre, çui d'en haut, sur l'église ! Qui a le dos tout nu, le malheureux, en plein vent. Qui a été complètement tondu, sauf la crinière et la queue, comme ces chiens affreux, là, à toupets et pompons, des caniches, je crois. On a rasé sa toison pour en faire une horreur, un genre paillasson…

« Qu'est-ce que tu racontes, Wilma ? C'est une lionne ? Calproni te l'a expliqué ? La lionne des Pouilles, que l'empereur Federigo a tondue pour la punir de son orgueil ? Mais Federigo avait planté chez nous sa capitale, au cœur de sa province préférée ! Ah ? il lui avait d'abord fallu arracher la peau des lionnes, c'est-à-dire des vieilles familles des Pouilles qui ne voulaient pas qu'il fasse l'empereur, le chef ? Bien envieuses, en effet.

« Et il aurait promis de restituer sa toison à la lionne des Pouilles dès qu'elle se serait assagie, soumise ? Mais il s'est complètement gouré, l'homme ! Car c'est nous qui la portons, la fourrure, mes belles ! Il n'a pas recousu la pauvre bête et nous avons toutes des toisons de lionnes ! Sans lui demander son avis, en plus ! Ce qu'il doit enrager, Là-haut... Il aurait juré de recouvrir l'animal quand le peuple se serait présenté humble et nu devant lui ? Nu ? Vous entendez ? Quel luxurieux ! Il était brutal et obsédé, cet empereur. Mais, quand même, on devrait habiller ce lion, cette lionne. C'est un peu un reproche, une insulte... Non, non, pour la mienne, j'attendrai novembre. Et on est belles, toutes, fourrées et brillantes. Et cet empereur, tu vois, il ressemble vraiment à un de nos bonshommes avares qui nous offrent une toison pour la vie, le jour de nos trente ans, et nous comptent le sou, et voudraient qu'on s'en contente, bien sûr. Tout ça pour qu'on ne plaise pas au voisin, à personne ! Un homme du Sud, ce Federigo. Un mauvais aïeul, mauvais modèle. C'est sa faute, la croix qu'on porte depuis mille ans, leur jalousie, leur soupçon. Et leur pingrerie, en plus ! Si la lionne était fourrée, Wilma, tu en aurais combien, de manteaux, dans tes armoires ? »

CHAPITRE 5

Drapeaux rouges et manteaux gris

Sur la route de Barletta, Nardo s'est arrêté d'un coup. Il a garé doucement son auto devant la maison du père, les pièces vides, la chambre morte.

Il a pris la clef longue, pesante, fait trois pas vers le seuil.

Et maintenant, il va pour dormir.

Mais avant, il se met debout sur son lit – des planches souples, des fanes rêches de maïs séché qui craquent, brisent sous lui quand il tourne lent, lourd, gire dans son sommeil. Il se hisse là pour ouvrir le fenestron, l'embrasure percée dans le mur à ventre, bedaine, qui renfle contre sa couche.

Dehors la nuit est agitée de vent doux, tiède, entêté : le mauvais air de la mer, ourlé d'embruns. Pour l'instant, le ciel reste bien noir, lisse et brillant d'étoiles larges. Pas trace de traînées pâles, de miasmes bas. L'odeur de l'eau, surie comme un fruit d'automne, monte de plus près que la mer, d'un creux secret, invisible, de la terre endormie. L'Ofanto, le fleuve silencieux, gonflé par les orages de la veille, embaume par là-bas, sent fort dans son fond de combe.

Son père, qui aimait parler beau et rare à Nardo, parler précieux comme dans les livres, très souvent lui disait : « L'Ofanto, notre rivière… oh, pardon, notre fleuve grandissime, bellissime, le géant de nos plaines, le Pô du Sud chanté par Ovide, Dante, D'Annunzio, ne peut se regarder au plein jour, à la lumière violente de midi : on le croirait tout maigre, disgracieux, jaunâtre… C'est seulement la nuit qu'on le voit, l'admire ! Oui. À l'heure la plus sombre, la plus éteinte ! Et avec les yeux de l'âme, bien sûr… Ou ceux de l'imagination, dont très peu sont doués, deux, trois innocents, simplets par bourg, une poignée, une avant-garde. Oui, fils ! Une avant-garde qui voit dans la nuit ! Comme en politique, à la guerre ! »

Des années plus tard, malade, réduit à la chambre vide, au lit froid, incapable de tenir ferme un petit livre, il appelait Nardo et se mettait à maugréer, ratiociner là-dessus : « Bon. L'Ofanto au soleil n'a l'air de rien. Mais ce n'est pas vraiment de sa faute ! Le pays tout autour est sec, brûlé comme un désert. Comment veux-tu que l'eau se fasse large, fluviale, sur ce cailloutis blanc, surchauffé ? En été ne coule plus qu'une écume saumâtre, trouble et aigre, qu'on dirait remontée de la mer, des marais salants de Santa Margherita... La chaleur, la lumière du Sud ne lui vont pas, lui brouillent le teint, l'évaporent ! Il lui faudrait un ciel terne, détrempé, six mois de brume et de frimas. Maudit soleil qui tout enlaidit, durcit et dessèche jusqu'à nos femmes, nos filles ! Et les plus belles !

« L'été, quand la nuit fraîche tombe enfin sur la maison et chasse l'air brûlé, la poussière, l'Ofanto se met à sentir l'étang, l'eau trouble, la vase, noie les champs et les oliveraies de ses effluves douceâtres, tenaces. Il devient obsédant à distance, bien caché dans le creux de sa ravine. C'est le moment de regarder le ciel noir, les étoiles, et de rêver le fleuve, l'inventer, d'en faire monter en toi la vision, la vue nette, lumineuse. Fais-le large, puissant et lent comme un ventre de femme en besogne, vois l'eau noueuse et violente descendre en reine vers la mer et promène-toi sur ses berges levées, dans les oseraies, les bois de saule, promène, fils, promène sans quitter ta chambre, en gardant les yeux clos ! »

Ce qu'il avait raison, son père ! Même si parfois, à midi, au soleil désert et gris, l'Ofanto porte beau, grand, semble s'étendre, rouler loin, élargi soudain par les flaques de lumière, les reflets brisés et la houle blanche, saline, étincelante des buissons bas sur ses rives.

Nardo a fermé le fenestron. Il peut s'allonger au lit de bois, à la paillasse de fanes sèches, fermer doucement les yeux : aussitôt surgit le fleuve rêvé, luisant, bouillant dans la chaleur lourde. Il paraît si vaste qu'on dirait un bras de mer, un estuaire lointain, une largeur, une lenteur russes. Les aulnes touffus, enchevêtrés, les bouleaux, les roseaux deux fois hauts comme l'homme, le fils de l'Homme buissonnent sur des lieues. La Volga, peut-être ? Ou la Neva ? Il ne sait plus aujourd'hui, mais c'était dans un film violent, guerrier, des bannières, des épées, des chevaux, que son père l'avait emmené voir, enfant, à la Maison rouge, la halle poudreuse de la place Melfi, derrière Sant'Anna, une salle géante à réunions, clameurs, meetings sévères.

Nardo reste étendu, raide immobile sur sa couche grossière, les planches. Il garde les paupières serrées fort, comme il faisait de ses poings dans l'enfance, du temps du père... Il serait en haut du talus, maintenant, à la crête de la « levée », comme on dit – une grosse digue qui se dresse sur chaque rive pour contenir la crue de printemps. Devant lui les marais herbus, les sorbiers à rousseurs, les saulaies jaunes courent si loin qu'on croirait les abords d'un pays sauvage, d'une terre à bêtes, morsures, drôles d'hommes sanguins et roux.

Une voiture est garée sur la levée. Elle rutile sous le soleil. Celle du père, sans doute, avec laquelle il reviendra bientôt, demain ou dans les siècles, quand il aura fini sa promenade chez les ombres, ses affaires tristes. Des heures de jour lent montent, tournent, chavirent. L'horizon vide éblouit, blesse l'œil : pas une maison blanche à terrasse, à balustres, pas un mur qui passe les arbres courts, les buissons nains.

Un jour pourtant le père est là, rieur, empressé.

Nardo revoit le ciel immense, le ventre argenté du fleuve large et puissant, ses coups d'épaule aux digues de sable, sa patte lourde, énorme, à la couture fine des rives, des arbustes.

« On est perdus », s'esclaffe le père, par jeu ou plaisanterie, pour voir la frousse, la trouille saisir le garçon, son tout-petit. Et perdus, son souvenir lui dit qu'ils devaient l'être puisque le père tenait une carte routière qu'il avait déployée en vain à tous les carrefours, pattes-d'oie qu'ils avaient rencontrés.

La mère aussi est de la partie, cette fois-là : un des seuls souvenirs où elle brille, ondule dans la lumière, la chaleur. Elle parle la bouche droite, comme Nardo aime chez les femmes : des lèvres froides, hautaines. « *La maestra !* La maîtresse ! L'institutrice ! *La bellezza*, la beauté de l'institutrice ! » raconterait plus tard Tiberio, le charmeur, l'empereur du bar Fidori, à Foggia, derrière la gare. Et Tiberio aux mains solides, il a longtemps rêvé d'elle, par en dessous, en secret, mais tout le monde avait compris.

Au bord de l'Ofanto ce jour-là, elle vient de dévaler le talus et se tient debout dans les herbes hautes, les épis verts qui la piquent jusqu'au genou, à mi-cuisse : après commence la jupe courte ou relevée, une toile bleue, un ciel vif, éclatant. Elle rit, s'avance vers les arbres courbés, leurs tresses de feuilles pâles qui retombent sur elle en torsades, frémissent. Elle disparaît dans la pénombre des premiers arbres. Nardo entend son rire et le père qui court, foule, écrase les branches à terre. Le fils se presse mains devant, les suit, les talonne. La lumière se fait brune, sauf l'éclair doré de ses jambes nues qui filent vers la lame grise et aveugle du fleuve en crue.

Il semble à Nardo qu'ils ne sont pas seuls au bord de l'eau, sur la rive de sable et de roseaux. Le sous-bois bruisse d'une rumeur grave et basse, d'éclats de voix, de refrains, de chansons : l'écho, le tintamarre que le Sud et les Pouilles envoient aux villes du Nord, à Turin, à Milan. Il y a du monde sous les aulnes, leurs bras gris et nus, argentés. Nardo en a le cœur serré : le pays de l'eau ne serait plus sa jungle à lui, sa terre vierge, et son père le gardien, le seul guide de ces chemins brouillés, sauvages ?

On entend même un fracas mécanique, les coups sourds et réglés d'une machine : derrière la foule sagement groupée, Nardo devine que gronde et trépigne un gros train à l'arrêt, une motrice à vapeur et cuvée, immobile au sommet du remblai, de la levée de terre rouge qui soutient la voie ferrée entre Cerignola et les ports de la côte. L'enfant étonné voit soudain le panache de fumée blanche qui monte au ciel clair, les volutes joufflues, gonflées comme un nuage.

À sa mine ébahie, sa mère éclate de rire puis parle doux comme elle sait faire, des phrases qui chantent, des caresses. Elle lui dit de se presser, empoigne la valise légère posée sur la terre meuble, le sable froid à leurs pieds, et elle l'entraîne, le tire à la course vers le train immobile. Et père ? Où est le père, maintenant ? Il ne va pas disparaître au moment du départ ? De l'exil, peut-être ? D'un exil aussi horrible que celui du grand-père, jadis, quand il fallait fuir la prison, l'huile de ricin, les coups de bâton ?

La voix du mécano tombe, tonitrue du fond de la cabine, ou du haut du tender, Nardo ne sait pas.

Elle cogne, sonne entre les bouffées, sifflets de la vapeur : « *Coglioni ! Il ragazzo, la madre !* Couillons, le gamin, la mère ! Attention ! Écartez-vous ! *Basta !* Ça suffit ! » Et le Romain à mots rugueux qui conduit la mécanique fait signe à la mère de s'écarter, d'enlever de là le petit, que le train va repartir, disparaître... « Déjà ? demande Nardo pris de peur, de tremblote. Il file où, le train ? À Rome, maman ? À Milan ? Plus au nord ? À l'est ? À Moscou ? »

Mais où est le père ? Tout le monde le cherche. Les gens tournent la tête au sous-bois, aux buissons de sorbiers, de ronces. Les hommes courent vers le talus de terre rouge, le convoi minuscule, deux ou trois wagonnets à la peinture éclatante, un jouet neuf. On se presse, on se pousse, on regarde par-derrière, la mère et Nardo, surtout.

Voilà que le père arrive ! Un miracle, une surprise ! Sous les rangées sages des peupliers droits et fins qu'on voit au loin, après les saules hirsutes, touffus, il avance tranquille, riant lui aussi aux éclats avec deux amis : la lenteur et le pas de vrais seigneurs, de princes insouciants. Et ils portent tous trois un chapeau, le même, petit et gris, vissé, enfoncé sur le crâne ! Ils marchent sans se presser, les voix enchevêtrées, l'une qui flûte et sonne bizarre, nasillard, napolitain peut-être, ou même sarde, oui, c'est sûrement ça, ils parlent du nez, ils zinzinnent dans la grande île, et l'autre, inconnue, qui rythme des mots étrangers, chaloupés, bien arrondis, une langue grave, forte et virile, un chœur d'hommes à lui tout seul, dix, vingt barytons ou basses dans sa bouche, son coffre, étirant les mots en *a*, *Kaline-Kalinka, les bateliers de la Volga, les soldats de la Moscova.*

Les trois avancent bien, mais Nardo craint qu'ils ne soient pas à temps au marchepied ripoliné de vert et que le mécano pestant ne pousse les feux, ne chasse la machine sans les attendre, le père et la famille, et les amis princiers, les marcheurs imposants. Il faut regarder ailleurs, détourner la tête, échapper à la terreur, la panique ! Tant pis pour qui ne sait courir et se traîne, lambine ! Tant pis pour le père et les deux seigneurs : Nardo vient d'entrevoir à bonne distance, derrière les arbres, au ras de la terre ocre, douce et nue, une frange d'écume jaune, la crête sale de l'Ofanto, du fleuve qui luit de son œil plissé, un peu moqueur, dans la pénombre du soir. Et il s'apaise aussitôt, hume l'air soudain tiède, parfumé : elle lui suffirait bien, sa rivière, après tout, si le train devait s'enfuir, les abandonner.

Mais c'est impossible ! Impossible que le père à ce moment-là soit déjà en conversation avec un Russe, un « dirigeant », un « camarade »... Une espèce de noblesse, ce gaillard blond, un ouvrier chevalier comme Nardo en avait vu charger sabre au clair dans *L'acier fut trempé*. Impossible que sa mère et lui les attendent sur la levée de terre ou dans une gare minuscule, une station déserte de la voie ! Le Russe viendrait bien plus tard, dans une rue de Bari ou Tarente. Et le Sarde à chevelure bouclée, huilée, à beau regard droit derrière les lunettes cerclées et fines, impossible qu'il ait fait quelques pas avec le père : quinze, vingt ans qu'il était mort ! Une ressemblance incroyable, ce Sarde, avec un portrait posé sur le piano du salon, la photographie encadrée d'un « ancêtre » comme disait le père, d'un « aïeul » de la fratrie, de la tribu dont il fallait murmurer le nom avec respect, tristesse : « Tonino de Sardaigne, le petit Tonino, le bon Gramsci. »

Une certitude, pourtant, dans ces apparitions, ces figures sans nom, lentes et presque froides qui tournent et traînent près de l'eau, sous les arbres : une autre image, bien plus brûlante, une lueur vive, souple, jamais retouchée ni glacée par les années, l'oubli ou les rêves, se glisse toujours entre les visions de la rivière, les scènes de foule grise, troue la lumière étale et terne, ranime la cendre triste, éteinte du souvenir, fait resplendir devant Nardo un détail, un instant rayonnant que la mémoire veule, infidèle, la traînée, la putain voulait broder grossier, recoudre de fils grisâtres, épais, crins sales et trompeurs… Dans l'image flammée, lumineuse, Nardo le grand, le vieilli, çui qui maintenant fait des travaux de force, accumule le sou et conduit des autos noires, se revoit petit enfant, garçonnet minuscule assis sur une banquette des troisièmes classes de ce petit train à vapeur – des lattes de bois dur, vernissées de brun, une claire-voie par où il observe le plancher goudronneux, râpeux du wagon… C'est une vision heureuse : Nardo sait qu'il n'a jamais quitté le train, la place de bois, le siège aux planchettes, qu'il peut chaque soir se dépouiller des oripeaux du jour, du travail, de l'âge, se faufiler amont, maigre et rapetissé, s'amoindrir, se croqueviller vraiment, bien plus qu'au lit de sa chambre, pour endosser la peau fine et douce, transparente et lustrée du gamin, du jeune roi qui dans son train longe l'eau, se sauve, traverse l'ombre.

Sous la fenêtre à demi baissée du comparti-ment, il déchiffre aussi des mots gravés sur une plaque en fer-blanc : «*È pericoloso sporgersi*», la phrase la plus célèbre, aimante d'Italie, le signe que la mère patrie veille partout ses enfants fougueux, emportés, la preuve, surtout, que sa mère est là qui murmure cette phrase et lui tient la main, le garde de se pencher sur le monde difforme et déréglé qui tourne dehors à grande allure. Nardo est sûr encore d'avoir vu s'éloigner une gare blême à marquise sombre, au nom imprononçable, aux lettres cahoteuses. Peut-être que la voix maternelle a répété, étranglée, nouée : « Adieu *bel paese* », mais ces mots s'allongent comme les figures pâles, les souvenirs lents et déliés du bord de l'eau.

Puisqu'il est le seul enfant ce jour-là, les hommes, avant que tout le monde s'embarque dans le train bondé, chantant, caquetant, les hommes le regardent curieux, doux et joyeux, en Italiens, en pères du Sud qui aiment la marmaille, le sang neuf. Et comme il est de petite taille, ils se penchent géants par-dessus son épaule pour voir, guigner, vérifier. Ils regardent s'il a des ailes, et leur couleur, leur duvet, s'il est un ange, quoi… «*Angelo*…» ils clament bien fort. Mais il n'a pas ce nom-là, même pour rire, même Luisa sa nourrice n'a jamais dit ça de lui, on réserve ce baptême aux créatures vivantes qui n'ont pas de mère, elles, et bruissent aux voûtes des églises, des dômes, dans les volutes des nuages, la fumée des machines, et se montrent aux enfants, à Nardo, il s'en souvient bien, il les voyait, leur causait, mais ces parlotes, ces histoires déplaisaient à son père…

Eux, les grands, les compagnons, les camarades sont massés devant l'enfant et sa mère, la brune, la ronde qui est drôlement belle. Ils demandent : « Hé ? Il a des ailes, le petit ? » Et ils s'agitent, se courbent vers elle, vers lui. Enfin, un seul se penche, pose la question, et les autres rient, profitent. Ceux que Nardo rencontre cette fois-ci et qu'il revoit souvent, après, se ressemblent tous : des hommes mûrs, certains la tête chenue, le sourire aux lèvres et l'œil noir. Et la vêture sombre, aussi : une gabardine, un pardessus gris qui tombe aux genoux, pas du tout les pantalons bleu pétrole, les chemises blanches dont on s'habille au Sud et qui honorent le prochain, le voisin, le passant. Les paletots, la grisaille, Nardo les trouve bien moins beaux, et puis pas assez militaires, cavalier sabre au clair, *Et l'acier fut trempé...*

Ils portent les mêmes manteaux sombres que le père et les deux princes, le Russe et le Sarde, les amis du sous-bois. Le même drap gris, coupé simple qu'on voit sur les photos des Russes à la maison, des trognes, des mines sévères, pas des Italiens ou le père, non, pas du tout...

Au vieux lycée de Barletta, sous les voûtes légères de pierre tendre et douce, il a fallu apprendre la langue des hommes qui ne rient jamais. Dans la bouche de Nardo, les mots n'ont pas tardé à fuser, siffloter, gambader : même les noms des chefs chapeautés et impavides du monde nouveau, de la révolution d'Octobre, partaient en fous rires, pitreries. En cours, ils n'étaient que dix à deviner derrière l'Adriatique l'or des coupoles, le claquement des bannières. Tous des enfants rouges, des têtes sages, des cheveux coupés court. Tous insolents, mais « zélés », assurait le maître, « ardents dans l'effort » — entre eux ils préféraient dire « prêts au sacrifice, à la mort au feu, dans Stalingrad ou sur les barricades... » Tous amoureux de ces voyelles plus rondes et basses que les leurs, si longtemps ouvertes et tenues qu'elles perceraient bien un jour la vieille armure italienne, le corset de fer rouillé où ils se sentaient ternir, flétrir, perdre leur violence, leur force.

Une nuit très sombre de ce temps-là, une nuit qu'il dormait encore au lit de bois, Nardo avait ouvert le fenestron pour écouter le grondement du fleuve en crue et il avait aperçu au seuil de la *masseria* son père qui raccompagnait un homme à chapeau gris et raide gabardine, un « dirigeant » austère, un « grand camarade » sérieux et discret — au lycée, ils l'auraient baptisé une « éminence », un « archi-archevêque ». L'ombre droite et sévère murmurait doucement à son père : « N'oublie jamais, Pietro, qu'à l'Est s'est levée pour les humbles et les pauvres la dernière et l'ultime espérance. » Et Nardo avait vu couler au visage tant aimé deux larmes de foi et d'adoubement.

Dix ans plus tard, le père avait rejoint la mère dans les buissons des rives, les bois d'aulnes enchevêtrés, les marécages où se perd l'Ofanto avant les salines et l'estuaire. Nardo avait fini par ânonner le russe, qu'il accentuait à l'italienne par crainte de faire le savant, le fils de riche qui pérore, donne leçon aux gueux, aux réprouvés. Il l'écrivait lent, laborieux, mais sans faute, souillure ni péché, ébloui par les lettres rouge et or, le sang des révolutions.

Et il avait étudié avec zèle et humilité son discours, son compliment, couvert deux pages de son écriture appliquée de jeune chef, secrétaire, sous-diacre. Une feuille parcheminée, ornée de ronds barbares et de jambages griffus, célébrait en noble langue, en beau russe l'événement, la grandeur de ce jour. L'autre, la version, trahison italienne, sonnait moins vraie, moins lyrique. Il s'était juché sur une estrade minuscule, deux palettes renversées, empilées, dangereuses, le branle du pauvre monde... Tiberio, vieilli, blanchi, tremblotait sur une chaise à ses côtés. Ils étaient tous deux là à attendre le compagnon Casaveia, Briele Casaveia, qui revenait par Rome et en train de l'Est du monde, de la cité nouvelle sans bourgeois ni banquier.

L'estrade bancale et guinchante craquait, oscillait sous les poussées du vent d'hiver, un très mauvais qui remontait de la mer à bonds fougueux, prenait le cours de l'Ofanto à rebrousse-poil, hérissait de vaguelettes, de creux, bouillons d'écume son dos souple et ondulé, froissait, fripait sa peau verte. Un brutal, un sauvage, le vent marin, qui aime à faire gémir aigu, crier aigre l'eau glacée, lente. Une bannière de drap rouge, d'un pourpre sombre et lourd, claquait aux bourrasques. Une maigre foule attendait le long des rails, les pieds dans la boue du remblai. Une trogne plissée, une tête basse parfois virait, tournait contre le vent, guignait les montagnes assombries, l'ouest où tombait un soir froid, humide.

Le camarade Casaveia revenait d'Union soviétique, de l'Orient rouge par le vieux chemin d'Occident, l'antique percée à travers les montagnes qui relie la Tyrrhénienne à l'Adriatique et court de Bénévent à Foggia. Plutôt que la route (la voie Appienne, aujourd'hui goudronnée), il avait choisi le chemin de fer, les machines nobles, la puissance et la force, le feu et l'acier qui rougeoyaient encore faiblement en cette fin de siècle comme les forges Lénine au piémont de l'Oural.

Mais l'express de Lucanie n'avait pas l'exactitude qu'on prêtait aux convois socialistes et c'est avec retard, au début de la nuit, qu'il avait freiné, crissé devant l'estrade pavoisée et la chaise où Tiberio chavirait de froidure. Pour réchauffer ses doigts gourds, Nardo avait depuis longtemps froissé, réduit à bouchons de papier broyé le beau compliment bilingue italo-russe calligraphié, historié pour honorer le camarade témoin, le porteur de flambeau, de bonnes nouvelles.

De l'obscurité louche du wagon de seconde descendit prudemment un petit homme aussi gris et voûté que les valeureux qui affrontaient la nuit grelottante. L'un d'eux, grandiloquent, aussitôt s'écria : « Briele ! *Bello !* Briele ! » Mais Briele – Gabriele – Casaveia ne sourcilla ni ne broncha : dans un silence gêné, chacun venait de remarquer son air effaré, ses yeux écarquillés de peur, de terreur, et qu'il tremblait comme une feuille. Tiberio, les larmes aux yeux, lui fit l'accolade. Et les autres aussi, avec lenteur, comme à l'enterrement, pour les condoléances.

Casaveia restait muet, raide sur le remblai, l'œil fixe, égaré. À la fin, une vielle femme drapée de noir se glissa contre lui et se mit à lui marmonner des chatteries, des sucreries de dame triste. Alors, sous les caresses, il sourcilla, sursauta, et chacun entendit ces paroles de Sphynx, ces mots ouvragés, l'or précieux d'une prophétie pour temps nouveaux : « Onze ans je me suis gelé les couilles chez les Soviets, ces rampants, ces rustres ! Onze ans ! Et quand je reviens, vous autres me faites refroidir dans ce train de m… qui ne sait pas ce qu'est le chauffage ! Et vous me recevez là, au remblai, en plein vent, même pas à l'abri de la petite gare de Cerignola !

« Maudits ! Grelottants, gris et pauvres comme des Russes ! Maudits et malheureux… Vous êtes leurs frères, ça oui, oh combien ! Leurs semblables, leurs doubles ! Des malheureux incapables de rien réchauffer, attendrir ! »

Et d'un pas léger, ferme (une jeunesse, une verdeur), il a dévalé le talus, traversé la route, couru sous les arbres des berges, les aulnes, la saulaie. Les autres l'entendaient piétiner, fouailler les branches mortes, les buissons qui craquaient, crissaient sous ses pas, une plainte. D'un coup plus rien, le silence : sûrement qu'il avait gagné le liseré de sable trempé, le bord de l'eau. Nardo a pensé : les ombres, les figures froides, le père, la mère. Et juste après, quelqu'un sanglotait par là-bas, l'Ofanto remuait, clapotait, et un garçonnet, un minuscule, chignait devant sa mère.

CHAPITRE 6

Le baron Calproni

« À Barletta, la nuit jamais ne finit ! Ils pourraient imprimer ça en guise de slogan sur leurs dépliants touristiques, leurs brochures, leurs cochonneries plastifiées… Après des heures de *passeggiata*, de piétinement bavard, femelle et vain sur les trottoirs, plutôt que de rentrer dormir, ils organisent des conférences nocturnes, des raouts pour couche-tard ! À minuit ! Et avec un orateur en herbe, à peine crédible !

« Irritant, ce garçon…

« Sûr de lui, nonobstant l'âge, la jeunesse. Il a… quoi ? Pas vingt et un, vingt-deux ans, on dirait, à voir sa peau trouble, son teint brouillé, son menton que cisèlent de fines cicatrices juvéniles – comment les appelle-t-on, déjà ? L'acné ? L'acmé de l'acné ? Il a des traces d'acné !

« Personne, à Barletta, n'a remarqué le change-
ment de peau des hommes, des jeunes hommes…
Avant, par ici, on naissait "bruns dorés", comme
disait ma mère. Pas bleuâtres de la Ville, de l'Urbs
sombre qui s'étend, s'étend ! Pas mâchouillés
nocturne, embrumés d'insomnie… On ne se
montrait pas avec cette pâle figure de *Barese*, de
citadin riche et fatigué ! Car on n'était pas "de
Bari", ni "de Foggia", ni "de Tarente" : on naissait
bruns ! Noirauds ! Le signe, l'onction du Sud, de
la sainte terre… Une peau qui luit doucement
dans l'ombre. Fille ou garçon : la même peau
jusqu'à douze ans !

« Mais ceux-là ! Ils ont grandi vite, ces
jeunes cons, vingt et un, vingt-deux ans. Ils sont
immenses, des caleçons américains, des baskets, et
la peau plus du tout comme avant… Le Sicilien
de Regalpetra, là… – toujours je cherche son nom
depuis qu'il est mort, parti – ce type a écrit… dans
L'Œil de chèvre, peut-être bien… hein ? c'est ça ?
En tout cas, il a écrit que les enfants de sa jeunesse
avaient le genou osseux, la gambe maigre, la
peau du ventre dure, creusée, qu'on pouvait leur
compter les côtes sur les photos noir et blanc de
bains de mer, de plage, tandis que maintenant…

« Mais il est vrai que cet insupportable, ce
suffisant qui dégoise depuis une heure, n'est pas
des plus gras, des plus adipeux… Pour les filles,

les jolies garces, il cause, il parle et parle ! Ce qui est normal, il faut dire, puisqu'elles sont restées belles, nos filles, même qu'elles se seraient un peu améliorées, des Vénus sans voiles, des Aphrodite charnues quoique moins girondes, moins lourdes et fermes sous la main.

« Pas gras, l'orateur approximatif, mais sûr de lui ! Plutôt grand et musclé comme un basketteur, ce sport d'ilotes... Dans le Sud maintenant, ils font tous du basket. Un stupide jeu de balle et, en plus, un amusement de GI noir ! Oui ! De sergent nègre de 1944 ! Les juteux noirs que les Américains ont foutus sur le dos des braves soldats italiens, de ceux qui s'étaient engagés dans la division Ponante, par exemple, l'armée des libérateurs. Reconstituée en 44 par les Yankees avec nos débris d'infanterie, de gars perdus.

« Je pourrais en raconter, là-dessus. Je me souviens bien. Des milliers d'Italiens, de braves patriotes un peu naïfs qui voulaient "racheter l'honneur" – comme si c'était possible, ça –, effacer tout : le *Ventennio*, septembre 43, Salò, la chute, les Allemands dans nos villes, nos lits... Et les New-Yorkais bien cyniques qui te refont une armée minuscule, quarante mille hommes, pas plus, entièrement sous leurs ordres ! Et qui forcent des archi-gradés italiens, des couturés de cicatrices, à obéir à leurs sergents gueulards...

Pour les hommes du Sud, tout le monde l'a remarqué : rien que des sergents nègres ! Des Noirs de deux mètres commandant les fils de Rome, les descendants de centurions... Enfin, de généraux, d'empereurs : nous autres, quoi, qui sommes toujours des Antonin, des Constantin, des Claude ! À Barletta, nous avons le sang le plus impérial, impérieux des Pouilles : c'est dire !

« Ce gamin-là, il ne sait rien de tout ça... Et il fait une conférence ! Non seulement ils ont la peau blanchâtre, mais à vingt-deux ans ils donnent conférence ! Ils sont allés aux écoles, c'est sûr... Avec le sou du pauvre, on a renfermé dans des salles de classe ces zigues à faces longues et ternes, on les a sacrés *laureati*, "lauréats", couronnés des lauriers d'une science fumeuse ! Des têtes à triomphes, à défilés. Jules César de mes deux, oui... Et quand ils ont un peu de sous, justement, et des bougres de parents qui peuvent payer, on te les confine à l'université ! Pas celle de Bari, non. Foggia !

« Il n'a pas dit, le basketteur, mais lui, je suis sûr, avec ses airs, son parler pressé, rapide, ses phrases, là, qui ne savent pas durer mais font les brèves, les éjaculations précoces devant le parterre de jolies filles, je suis sûr, archi-sûr qu'il a étudié à la Sapienza de Foggia ! Pouah ! Ça sent le béton et l'HLM, les quartiers nouveaux, affreux, aussitôt fêlés que construits.

« Il y a vingt ans, cet olibrius, au lieu de jouer le savant, le chien qui cause, aurait fait la leçon politique à des petits gars bien braves, des brunettes bouche bée… Il aurait ergoté Lénine, Staline, Mao et puis l'autre, là, l'Italien, le Sarde, Tonino le Rouge ou va savoir qui encore, ils en avaient une kyrielle, des penseurs soignés, bouclés et gominés qu'on voyait sur leurs affiches, des barbus, des bouquetins austro-hongres, russo-asiatiques…

« Maintenant, le morveux pâle, l'allongé, il nous explique comment vivre, peut-être… Ça doit être ça, son sermon. Avec mes sous, les trois seules années où j'ai été soumis à l'impôt, moi, Leone Calproni, grâce à mes trois ans de piécettes et de fafiots versés, donnés, jetés aux cravatés de Rome, ce fils de garce et de prétentieux s'est payé ses études ! Tout ça parce que le cours de l'huile avait flambé, l'huile des beaux oliviers de mon père, une huile noble et dorée qui avait permis à la famille de traverser libre et forte les siècles et les épreuves : une hausse soudaine, un conseiller aveugle qui ne pressent rien et vlan ! Les rétiaires de l'État jettent leurs filets sur moi et me soumettent à l'opprobre, au tribut, à l'impôt !

« Quel voleur, ce gringalet causeur ! Imaginons… Il a fait trois ans d'études à Foggia, ce boutonneux. Pile trois ans ! Autant dire que c'est moi qui lui ai acheté ses cahiers, ses livres. Moi qui ai été son bailleur de fonds. Presque son mécène… J'exècre les étudiants. Bari étouffe à cause d'eux. Tu franchis le *Corso* à midi, au cagnard, ils sont là, déjà, toujours, jamais couchés, jamais à fiche autre chose que rien sur la placette devant le *Municipio*. Mille, dix mille que les anciens de la vieille terre, comme moi, payent, entretiennent, engraissent.

« Je ne saurais remercier assez le *Senatur* de m'avoir si vite remis sur la liste des Exemptés du Fisc. "La guerre, votre père, la décadence de votre famille", il disait, dodelinant dans le bureau tout frais, ventilé, vitres brunes du siège de son parti. "Et puis vos murs, les grands murs du clos d'Arpinia qui sont près de crouler, les dettes féroces que vous avez dû contracter, la main-d'œuvre qui est ruineuse maintenant, ces bras de force, ces Tunisiens qui coûtent, coûtent que c'est une punition, un châtiment pour les propriétaires : j'ai décidé que vous seriez désormais *limité* !" Il répétait, scandait le mot du sabir, du jargonnage d'État : "Li-mi-té ! Ou, si vous préférez : E-xemp-té-d'im-pôts"… Et là, c'est moi qui ai dodeliné.

« "Mais sache, bonhomme à faux titres et pompons, sache, risible bouffon, Arlequin *Senatur*…" C'est ce que je brûlais de lui dire et pourtant je me suis tu, car il a les manières, les usages d'un bureaucrate et allez savoir comment ce genre de type réagit à des propos aussi violents, même lui, qui a la mine plutôt bienveillante et affable. "Sache, *Senatur*…" je ruminais avec joie, au plus secret de moi : "Sache qu'un Calproni n'a jamais payé l'impôt… qu'au Bonaparte, le tueur de rois, le ravisseur de papes ! Et même alors, ce Calproni l'a récupéré, a repris aux voleurs français le sou qu'on lui avait extorqué ! De haute manière ! À la grande ! Le fusil intempestif contre la bedaine molle d'un petit sous-intendant des armées impériales, 'un compte-sous à nez aquilin et crinière brune', disait l'aïeul dans le récit par lui forgé qu'on se repasse mot à mot, de père en fils depuis lors…"

« Voilà qui mériterait conférence : la résistance des Calproni aux prédateurs romains ! Ou bien : comment notre lignée s'est toujours refusée à l'impôt. Oui, c'est le mieux : comment nous avons échappé au pillage. Nous ! Hé, hé ! Pas un percepteur, pas un pâlichon de son Office qui ait osé depuis Bonaparte nous extorquer, nous prendre quoi que ce soit. À nous ! Sauf ces trois années de malheur, de m… même, où Rome la voleuse m'a tout fauché. Soixante millions de lires envolés ! Pfouit ! Soixante ! Et tout ça pour gâter ce gosse médiocre, là, qui pérore, aligne des chiffres, des calculs depuis un moment… Pas trop de chiffres, petit, sinon les filles vont dormir ! Manquer à ta couche, à tes ruades… Car, malgré sa mise négligée, le pourpoint décousu, les chausses américaines, ce gamin sait y faire. Un vrai fils du Sud en cela. Qui doit sacrément les aligner, les petites. Et c'est bien le seul don que je lui accorderais.

« Mais quoi ? Ça y est ? C'est fini ? Ils applaudissent… Enfin, "elles" claquent des mains. Les filles, de nos jours, applaudissent comme des culs-terreux : tap, tap, tap. Mains blanches qui font le boucan d'un battoir. Et elles se lèvent, ovationnent ! Mais je ne sais toujours pas ce qu'était le sujet de la causerie, de l'ânerie.

« L'affiche, l'affiche ! Elle me le dira, m'expliquera le programme de la conférence. Oui, il y a le thème, le détail, dessus. Sans intérêt, c'est certain. Nul et creux. Sinon les bancs seraient peuplés d'honorables têtes chenues, de beaux fronts érudits. Bonelli, par exemple. Ou De Nittis… Ils sont absents, mon gars ! Hé, hé ! Absents ceux qui, à Barletta, tiennent haut l'esprit, la science ! Raté, gamin, ton coup de bluff. Manqué ! Un bide, un four.

« Ils me regardent, maintenant ! Les voilà qui me dévisagent. Quelle grossièreté, quelle muflerie ! Debout sont ces garçons et ces filles, bien lisses, propres et parfumés, mais vulgaires, bêtes et incivils à me fixer… De biais pour les garçons, tout sourire et gêne ; de face, de front pour les filles, les louves, et l'œil noir embrasé, les lèvres entrouvertes, rouges, humectées !

« Le causeur aurait-il parlé de nous, feu mon père et moi-même ? Blasphémé, alors ? Souillé ce que nous sommes ? Car les gens ordinaires, les mulots, souriceaux de Bari, Barletta ne voient rien de nos misères, ne comprennent pas nos tourments, nos souffrances, la mort dans l'âme qui nous étouffe, assombrit et distingue si fort des autres, du commun… Ils ne voient rien et prennent nos grâces pour des prébendes, des cadeaux, des privilèges, oublient que l'exemption d'impôt est un signe divin, une blessure, une croix, que le mendiant non plus, le très pauvre ne paient rien, ne paient pas, mais qu'il faut que le rupin, l'agioteur, le banquier crachent et dégorgent tout, soient saignés, soient vidés.

« Il n'aurait pas osé, tout de même, évoquer mes aïeux, mes impôts ? Non, hé ? Ou il a simplement raconté notre palais en ville, ses lézardes, ses ors, sa poussière ? Ou le domaine du Tavoliere, la *masseria* rompue, fatiguée ? Ou l'arbre de la famille avec sur chaque branche les ancêtres en majesté ? Que sais-je encore ? Mais il s'est dit quelque chose sur nous, notre sang, notre honneur : ça se sent, ça se voit. Ou alors, c'était juste social, philanthrope, un portrait des vieilles gens, et comme j'étais le seul ici, dans ce troupeau malsain, leurs yeux naturellement se sont tournés vers l'objet de leurs pensées, de leurs jugeries.

« Il fend la foule, maintenant, il arbore ce qu'il croit être un air puissant, la sainte autorité. Il se débarrasse de ses poules, de sa cour emplumée, sans ménager personne ni répondre à leurs airs inquiets. C'est moi qu'il vrille encore, moi qu'il approche empressé, impérieux…

« "Monsieur le baron…" Que sa voix s'est attendrie, adoucie ! Mais qu'il est ignorant des manières, des façons ! "Monsieur Calproni, j'espère que vous n'avez pas pris ombrage de l'hommage…" Quand tu pérores, pécore, et fais le paon, tu retrouves l'embarras, la mise empruntée du bougre, du pauvre gars : Pouillot dans la gêne, bouvier fâché d'être fâcheux, tu attends que je te sauve, t'interrompe ? Mais le silence est grandeur, mon petit ! Et certainement pas de ton époque veule et vulgaire, bavarde et amoindrie !

« "Enfin, vous ne m'en voudrez pas de vous avoir cité en exemple, en modèle d'action pour les jeunes générations du Sud. En effet vous avez montré ce que pouvait être la force nouvelle de notre province. En acceptant, il y a deux ans, qu'une jolie gravure de votre *masseria* du Tavoliere serve de vignette aux bidons d'huile de première pression à froid que la coopérative de Cerignola s'apprêtait à vendre en Australie, vous avez scellé l'alliance d'une tradition réputée, d'un savoir-faire ancestral et des dernières techniques de vente à l'export. Ancré dans votre province, vous avez permis à un fleuron de ses produits de triompher au bout du monde. Vous avez sûrement noté ce que je disais il y a cinq minutes ? La chambre de commerce de la province de Brisbane, Australie, recommande l'huile de Cerignola à ses restaurateurs et a décerné son prix de graphisme à la vignette qui orne nos bidons. C'est un honneur pour moi de vous transmettre les remerciements de l'Union des coopératives du Barese et de la Capitanata.

« D'ailleurs, notre agent commercial pour l'Asie-Pacifique voulait vous demander si vous accepteriez que votre nom et quelque chose de vraiment authentique comme vos armoiries figurent sur la prochaine livraison. *Barone Calproni*, ça serait un plus, voyez-vous. Et on vous rétribuerait aux mêmes conditions que la gravure, discrètement, au prorata des ventes. Cinquante mille bidons, ça commence à faire, baron, vous savez ! »

CHAPITRE 7

Pierre des caves

Aujourd'hui on s'est habillés beaux, cérémonieux, Fiammetta et moi. On pourrait croire qu'on va à un mariage, faire les témoins, ou à un enterrement digne, attristé.

Mais non : on fait juste notre visite à une vieille connaissance, on va honorer une dame ancienne qu'on a négligée, oubliée de longtemps, on roule rapides vers Matera.

« *Vieni, vieni !* »

Des petits enfants culottés court, jambes nues, souillées, les baskets pourtant neuves, propres, américaines.

« Viens, viens ! » ils disent, mais ne tendent pas la main.

Dix ans, onze, regard furieux, celui qu'on choisit : le cheveu et l'œil noirs, la peau brunie. Il braille, crie sur les autres, sa bande, nombreuse à glapir dans la via Casalnuovo, la descente vers les premiers *sassi*, rochers creusés, éventrés par de grosses mains anciennes, violentes, bourrelles, mains de salauds âpres à survivre, se nicher aux grottes, troglodytes, s'enfoncer dans les caves des falaises de Matera.

« Viens, viens ! » Le cri heurte la pente raide, la rocaille blanche, les ruines, murs effondrés, tombe au ravin, chute deux cents mètres plus bas que la ville.

Le quartier des *sassi* : des trous, puisards millénaires, galeries souvent bien plus vieilles que l'homme, des souvenirs de l'eau primitive, enragée du torrent de la Gravina, de ses crues, colères ruisselantes, tourbillons acharnés à forer la roche, élargir la moindre faille, fente, creuser des salles souterraines, des goulets, des boyaux.

Ravines, strates, grottes, stalagmites : les mots martelés naguère, je me rappelle, dans l'amphithéâtre de la faculté de Bari, les mots hurlés, scandés par le maître géologue, le savant, l'érudit Vico d'Attilio que nous autres, les étudiants, on avait surnommé « Vic de Bare », « Vic » parce qu'il criait comme un pirate, la flibuste, les abordages, et « Bare » parce qu'il était natif de Bari et professait dans sa ville, à l'ancienne université. « Combien de temps ? nous hurlait-il, combien de temps, bande d'ilotes, malappris, profiteurs, vit un tout petit ruisseau, ou un bon gros torrent, une rivière noueuse, un fleuve large et placide ? Hein ? Combien ? » Et il écumait, blafard, tapait du poing au pupitre de l'antique *aula*, salle d'honneur des juristes de Bari, changée d'un coup vers 1970 en annexe du département de géologie. Il frappait, frappait, cognait le vénérable ouvrage en cèdre XVIIIe siècle, levait des jets de poussière, des torsades serpentines qui fusaient aux angles de la chaire, aux jointures des panneaux de bois, il ébranlait l'estrade, le plancher, les bancs assombris, noircis par les troupes sales d'étudiants, de torves âmes hébétées qui s'étaient vendues ici pendant des siècles à la science du droit romain, la chicane, la ruse.

« Morveux ! Souillards ! » hurlait-il. Et comme il fixait d'un œil égaré les murs de la salle, leurs lambris crasseux, on ne savait s'il invoquait les fantômes de nos prédécesseurs, le suint trouble et noirâtre dont ils avaient tout marqué, maculé, ou s'il moquait nos jeunes têtes bourgeonnantes, déjà rassises et sûres, les bourgeoises moiteurs, la suée grasse et tiédasse qui tournait en nuée sur nos rangs.

« Juste bons à offenser et salir de vos humeurs vaines et troubles le bois le plus noble de

Méditerranée, le cèdre ferme et léger ! L'honneur de la sainte terre où nous nous tenons dressés ! Un bois qui jamais ne rompt, ne plie, ne se donne aux vers ! » Il nous accusait de l'avoir terni, piqué comme miroir, rogné, moucheté aux recoins, aux bordures, de l'injurier, l'insulter de nos aigreurs, de nos angoisses souffreteuses, de notre haleine malade : on était des sacripants, des impies, on se foutait de la beauté des forêts, des arbres, de la terre et des rivières ; on traînait là nos langueurs, nos anxiétés précieuses, on payait de sept ou huit ans de vergogne, macérations honteuses et branle-ries louches, solitaires, notre entrée dans le monde riche et puissant, ordonné et violent des pères. Et Vic de Bare agitait sa tête à lunettes, ses montures noires et carrées, tordait sa bouche de rustre des Pouilles – une lippe épaisse, avide et méprisante, la trogne d'un assassin, d'un trancheur de grands chemins qui s'est fait professeur et savant, techni-cien des cours d'eau.

En guise de péroraison, il lançait aux deux cents chevelus, débraillés, négligés – l'uniforme des années soixante-dix – une question splendide qui tuait des siècles d'instruction, montrait à quoi l'avaient mené le volume des fleuves et la physique des sols : « Petits cons, exultait-il, heurtant de nouveau à se blesser le bois des prières et des saints, petits cons ! Puceaux de l'éternité ! Vous qui allez peut-être passer sur terre soixante-dix ou soixante-quinze années rapides, éphémères, imaginez-vous combien de temps vit une rivière maigrichonne, un ruisselet insignifiant, ténu ? Qu'au jour de la mort d'un fleuve on mesure la vanité de vos minables existences ! »

Il avait blasphémé contre la science et les disciples. C'était stupeur, silence dans la salle. Par les vitrées ouvertes sur le mois de mai bouillonnant, fumant de chaleur, passait l'éclat bleu des brumes basses que le soleil poussait, chassait sur la mer immobile, étincelante au pied du vieux port, du bassin grec. Montait aussi la rumeur grave, le grondement, le chaos brûlant des autos, un torrent, une bousculade. Mais loin vers l'ouest, l'autre torrent, la Gravina de Matera devait tonner furieusement dans sa gorge, son ravin étroit.

Et Vic de Bare en reprenait l'éloge : longueur parfaite, crues irrépressibles, creusement tenace de son lit dans les rudes dépôts sédimentaires, enfouissement au plus secret de la terre, entre deux rives à pic, deux cents mètres de falaises à grottes, trous torturés, redents, saillies, escarpes. « La rivière, entendez-vous, la rivière toute seule a fouaillé mille couches de roches et sédiments ! S'est ouvert des goulets tordus, difficiles dans la pierraille, la roche fermée, butée, close comme une créature, une femelle que fige, raidit la peur !

Car la rivière est virile ! Hé, hé ! À la pointe et au coutelas, le torrent de Matera a creusé ici, enfoncé là, fait geindre et hurler la terre, sa chair compacte, en lentes, lentes perforations, sadiques, incroyables. Par jets, jaculations, curetages et ramonages, le dur de l'eau comprimée, pressée à des forces pas humaines, a taraudé la pierre, l'acier de la pierre, et vrillé, troué, transpercé ! Entendez-vous ? Le bouillonnement d'une rivière est une force sans mesure, infinie, presqu'une pensée de Dieu. Sa violence est le Verbe, oui, le Verbe lui-même qui nous précipite, nous arrache, nous prend, nous efface ! Vous, surtout, que porte et meut une ambition graisseuse, dégoulinante !

« Les moines, eux, l'avaient compris, ces petits enfants du ciel et de la terre : ils s'étaient installés dans les grottes, les niches de la falaise, dès le vi⁰e, vii⁰e siècle. Ils occupaient dix pieds carrés, à peine de quoi se coucher, droit sur le vide, le gouffre. Ils attendaient que la pluie les abreuve, que les oiseaux leur portent des graines, des brins d'herbe. Mais au fond de leur abri, tournés vers la roche blanche, écoutant de toutes leurs forces le torrent qui ruisselait en bas, ils essayaient d'imiter la prière de l'eau et de la pierre, le silence de la terre, le tonnerre des rivières, la prière la plus difficile, la plus rare, la moins humaine... Et quelques-uns y sont arrivés, c'est sûr : des simples d'esprit, des naïfs, des idiots de village, comme le moine Fregnolo, "Aristé" de son baptême en moinerie, qui ne savait pas parler mais grommeler, grogner, remâcher des lourdeurs, des beautés bizarres.

« Matera se souvient de ses saints, de ses ermites au rocher. C'est la seule ville d'Italie qui n'a pas besoin de curés, de cardinal à Mercedes noire et pompon violet, de bonnes sœurs en jupons et cornettes pour faire ses prières, son rosaire : les ruines chantent ! Puisque les bonshommes ne sont plus capables de rien, les *sassi*, les murs cassés, le pierrier des rues abandonnées soufflent des bouts de saintetés, bribes fortes, répétées, et la rivière bouillonne, siffle, gronde, mouline son murmure grave ou fait tinter ses clarines froides, argentines, envolées. Une grâce, cette ville, cette rocaille ! Une grâce qui vous est étrangère, interdite, à vous, jeunes gens de Bari qui êtes aussi gris et ternes que vos pères et semblez n'avoir jamais connu l'enfance ! La divine et maigre enfance ! »

Les gandins décoiffés, mal lavés, fulminaient sans un mot sur les bancs, l'œil colère, abaissé. Après les cours, beaucoup éclataient, rêvaient de se venger, de pétitionner, de le dénoncer bigot, cagot, ou vieux suppôt du *fascio*, ce qui n'avait aucun sens, ou Rouge portant la croix, la pire espèce, paraît-il, haineux du fils de riche, du jeune bourgeois... C'étaient soi-disant les « années de plomb », en vérité la décennie de la Grande Lâcheté : les plus peureux, les impuissants et les veules pouvaient anonymement dénoncer, avec les honneurs et des prébendes, des récompenses et des protections, leur professeur, leur voisin, la fille qui les avait repoussés. Triompha même à Bari un délateur puant, vaniteux, un plumitif lourd qui pondait de faux romans, des sociologies dont il usait pour calomnier, tondre lâchement les femmes, la cohorte des filles qui l'avaient rebuffé, s'étaient refusées à lui. On l'avait gentiment surnommé le « Tondeur », le « Tondeux », car il les dénonçait toujours comme terroristes, appelait sur elles le châtiment public... Mettre une étoile rouge, sanglante, à quelqu'un ou, plus vil encore, l'affubler de la puante chemise noire le menait à l'enquête, aux verges, à la taule, au bûcher. Pourtant les déguenillés s'abstinrent de signer, de manifester, placarder : Vic vociférant était bien plus grand, plus fort que leurs pères, les polices, les juges. Et Fiammetta, que je commençais d'aimer, s'employait chaque jour à les dissuader d'une cabale : il suffisait que sa beauté s'enflamme pour que les têtes louches et calomnieuses se détournent, s'enfuient.

Depuis ce temps, Matera a prié, murmuré sans nous : Vic de Bare la gardait jaloux, violent, et nous étions de Bari, mauvaise engeance, bourgeoisie. Quand l'envie nous prenait d'y aller voir, le souvenir des *materasi*, (ses natifs étranges, torturés, inquiets, qu'on avait subis et supportés partout dans les Pouilles où ils étaient dispersés), nous faisait repousser la promenade, l'escapade : des bizarres, vraiment, les gens de la Gravina, des pas commodes, des tordus, comme la mère de Beppé, hurlante et reprocheuse, ou Talmini, le joueur de basson, l'homme des fanfares et des défilés le soir en beau costume, qui est devenu triste, sombre, d'un coup, sur ses trente ans, et voulait tuer tout le monde.

À la Pâque, à la Saint-Pancrace, quand le Sud entier monte en procession sur la crête qui domine Matera, j'ai fait comme les autres, je me suis agglutiné aux cortèges, aux pèlerins. Mais j'ai toujours pris soin d'éviter les rues en ruines, le quartier des grottes, des *sassi*, la ravine où gronde l'eau, la rivière.

Ensuite, frais diplômé, enrubanné de science, j'ai de nouveau quitté les Pouilles, comme j'avais fait enfant quand le père, la mère avaient migré, pas trop loin, pas aux Amériques, juste de l'autre côté des Alpes, à l'ouest du Rhône… J'étais en France, alors, au bocage, pays de vent, de pluie, forêts froides. Une fois on regardait le Christ, des images noir et blanc, un film lent, tremblant.

Le Fils de l'Homme montait des ruelles, des pentes, une ville de murs cassés, de maisons mortes, perchées. « Matera ! » s'est écriée la mère qui la connaissait bien et savait aussi le nom du cinéaste, Pasolini, un saint pour elle, parce qu'il avait fait marcher Dieu sur nos terres maigres, la poussière. Et moi j'entendais de nouveau les phrases de Vico d'Attilio, la fureur de l'eau, du torrent, et pour chaque mot je voyais une image grise, une tache sombre, une pierre, un caillou tombé.

Maintenant, avec Fiammetta, on est dans la ville, et les braillards, la meute des elfes sales, baskets neuves, rutilantes, crie sur nous, trépigne, clabaude : des hurleurs, des violents, de futurs disciples de Vic de Bare, le brunet surtout, l'œil charbon qui nous guide, pousse, entraîne au dédale des premières calades, descentes, glissades vers les grottes, troglodytes.

« Comment tu t'appelles ? » je lui dis, au noiraud, au chef de bande qui s'est emparé de nous, a jaugé ce qu'on valait, sait déjà combien il nous tirera, pourboires, billets bleus, vingt euros, promesses, cadeaux. « Pietro ! il répond bien fort, San Pietro di Pietro ! » Et il rit, dents toutes blanches, magnifiques, éclatantes de lait divin, morsures sans douceur, fiel de l'enfance qui déchiquette, torture.

Il se retourne vers les autres, la troupe qui est restée au loin sur le remblai, perchée, en surplomb, une frise de têtes sombres contre le ciel d'argent gris, les nuages aveuglants, la lumière blessante. Il rit fort, aigu : « *Cazzo* ! il me lance, *sono il figlio di san Pietro Caveoso* ! Putain, je suis le fils de saint Pierre le Caveux ! » Saint Pierre des Caves, des grottes, saint Pierre de la misère à troglodytes, chambres sans fenêtre ni jour, ni la moindre lueur, taillées dans le rocher, humides, grelottantes, moisies, mille ans de malaria, miasmes, morts rapides.

Il rit vers les autres qui attendent le client là-haut, le prochain pullman, la chair flasque des Anglaises, la bedaine boche, française, les boursettes à euros, fafiots. La frise de têtes crépues s'esclaffe sous les reflets du ciel lourd, orageux, la bande tape des mains, des pieds : « Saint Pierre des Caves ! Pietro, Pierre le Caveux, Pierre le trou ! Hou, hou ! »

Pietro détale devant nous, bondit au milieu de la rue à galets lisses, durs aux pieds. Il a filé vingt mètres devant, s'immobilise, se retourne : « D'abord via del Carmine ! Ici, ici ! » Et le regard soudain indifférent parce qu'il commence à réciter, il ponctue ses derniers mots de deux claques sèches sur la cuisse. « À ma gauche… » Il a l'œil perdu, morne et appris, plus rien de violent maintenant, sûr que ça deviendra du sou. « … À ma gauche, des maisons à terrasses, bien typiques, bien tenues aussi, cent maisons-caves, creusées dans le calcaire, leurs entrées échelées, empilées l'une l'autre sur toute la hauteur de la falaise… Voyez : jusqu'à quatre portes alignées verticales ! Et pour monter, partout des marches fines, des encoches taillées comme il faut. XIe siècle, la première porte. Mais au-dessus, au sommet, XIVe, XVe : des Albanais qui fuyaient le Turc, le cruel Barberousse, les derniers arrivés dans ce *sasso*, le *sasso Caveoso*. Parce qu'à côté, après l'église, dans le *sasso Barese*, y'a pas eu trop d'Albanais.

« On visite guère les maisons d'en haut. En tout cas, c'est ce que dit mon frère, mon grand frère. On les visite guère parce qu'elles viennent d'être rachetées… Par des gens riches, là. De Bari, de Rome. Surtout de Rome, il dit, et de Milan aussi… Vous venez d'où, vous ? Attends : laisse deviner ! Toi, monsieur, tu serais pas… Attends, attends… Comme métier, déjà, t'es un *avvocato*, hein ? » Comme je fais mine d'acquiescer – pour aller vite, couper aux questions, garder le secret qui maintient près des anges, du Bon Dieu – il tape dans ses mains, rigole : « J'avais deviné ! Ouais, t'as pas la voix d'ici… P'têtre… Rome ?

– Non. Bari. »

J'ai répliqué froid, sec, préférant mentir encore, taire Foggia la laide, la rectiligne, qu'ils méprisent tant par ici. Il fronce le nez, mécontent, furieux même de s'être trompé, et redémarre, dégringole plus bas, coupe à droite, un escalier d'un mètre de large entre deux murs croulants, un escalier droit qui tombe dans l'ombre d'une ruelle.

On arrive au plus creux, renfoncé du chaos de pierres, murailles blanchies à la chaux, badigeonnées jusqu'à deux fois un homme debout mais ternies, tachées par l'ombre des nuages, les coulures du ciel lourd, ses éclats de plus en plus noirs, ricaneurs. On se fige essoufflés. « Pourquoi, demande Fiammetta au gamin, pourquoi on s'arrête là ? Devant l'église abandonnée, qui a l'air d'avancer sur le ravin, le vide ? » Elle a raison : un balcon, un vertige sur la Gravina, le torrent, deux cents mètres de chute libre en dessous de l'église, sous le ventre renflé, fissuré de l'abside, souvenirs d'âmes pieuses, offices et saintetés. On croirait la nef branlante, près de glisser, tomber en contrebas. « Qu'est-ce que c'est, ici ?

– Boh ! » répond Pietro, une moue appliquée, la commissure des lèvres tordue en virgule. « Boh ! » Et il crache par terre. « Je sais pas, moi. J'vais appeler le frère. » Et mains en cornet, en porte-voix, il se met à hululer vers les hauteurs, la crête des maisons borgnes, les ruines, terrasses tombées, sépulcres blanchis. Il hurle : « Hé-hou ! Hé-hou ! » Trois, quatre fois, la cascade des échos nous revient : la Nymphe, l'aboyeuse narquoise, s'est sacrément moquée de lui, elle le refait bien plus grave, une voix alourdie, mûre, de jeune mâle, un flûtiau à peine fleuri, hésitant mais pas du tout aigu, aigrelet comme il est.

Aussitôt un sifflet long – deux doigts au bec – répond du côté du palais Laro, au rebord du plateau, vers la ville neuve. Et encore un sifflet, le même, plus strident. « Il descend ! » crie Pietro qui s'est mis en vue au centre de la placette, au beau milieu, une aire dégagée qu'on doit voir de partout. « Cinq minutes et il est là. »

Très vite un grand gaillard déboule, un jeune gars maigre, la barbe rase, de trois jours à peine, le polo noir, le pantalon bleu pétrole à plis droits, raides, de l'amidon, un cartonnage. Il travaille, lui, ou bricole je ne sais quoi, et l'argent ne doit pas trop manquer. Franc sourire, main tendue : il fait moins louche que le petit frère. « Ah ? L'église du ravin ? La nef Saint-Pierre ? Je sais pas tout, moi – personne sait vraiment tout, par ici –, mais on dit que saint Pierre – le bonhomme, le moine archi-croyant, pas l'église, ni les murs qui portent son nom –, on dit que ce saint voyageur, ce pèlerin, a passé nos ruelles, nos ruines, a traversé Matera…

Ou au moins ses reliques, ses ossements, son crâne blanc. Et même on en a des preuves… Si, si ! Des preuves absolues ! Dans le fond de la ravine, il se tiendrait, le Pierre… »

Et l'aîné, le grand frère, nous fait signe d'approcher le parapet pendant que le petit s'agrippe distrait, muet, à son polo noir, des doigts fins, griffus qui pincent fort, bouchonnent le coton. On se presse, on penche tous les quatre par-dessus le muret de pierres plates, lourdes, empilées, pas cimentées : en bas, au fond de la gorge étroite, des autos sont fichées droites dans la terre du rivage, sept ou huit, je crois, deux ou trois plus anciennes, rouillées, des tôles à lunules dentelées, découpées, brunâtres.

« Regarde, *avvocato*, me dit le grand, le polo noir, en me dévisageant des pieds à la tête. Regarde un peu la force de saint Pierre ! Sa puissance pas croyable ! T'as remarqué comme c'est bizarre, ce qu'il y a dans la rivière ? Faut que je t'explique, tout de même… Avec le père, le souvenir du père qui n'est plus, nous a quittés mais nous aide toujours, on va faire ça : une belle explique, une complète, une que tu risques pas d'oublier…

« Voilà : un matin, y'a vingt ans, notre père il se réveille là-haut, où que mon frère t'a montré. Il faisait froid, des nuages noirs, un mauvais printemps comme toujours par ici. Le père, il dit : "J'ai entendu le bruit, Nina (Nina, c'est la mère). Un fracas formidable, Nina ! Le bruit du verre cassé. Mais c'est pas la *zia* qui fait le ménage devant son homme, le *zio*. Non : à cinq heures du Christ, on se bat plus, on brise plus chez eux. On est trop fatigués. Ça vient de plus loin."

« Il sort, le père. Tu vois ? Tu vois la calade que j'ai courue pour vous rejoindre ? Il descend, il y va. Mais pieds nus, alors ! Oui. C'est pas croyable, mais il est resté pieds nus tant il est inquiet, le père, et fin, aussi… Car il était sacrément fin, notre père : l'angoisse du Mal, des saloperies qu'on traîne, de ce qui nous attend après le grand saut, ça travaille, ça rend fin.

« Il arrive ici même et il entend un ruissellement de verre, de miroir brisé, une fontaine d'éclats de verre ou de glace de février, mars qui craquelle et fendille, tombe en petites plaques, billes dures et clinquantes, une briserie tintante, aiguë, qu'en finit pas. Il est inquiet, le père. L'angoisse, tu vois ? Il penche comme nous, la demoiselle, là, par-dessus le muret, un drôle d'équilibre dangereux, une bascule. Il penche et il observe.

« Il observe quoi ? Hein ? Je vous demande… Il observe qu'au fond de la ravine, deux cents mètres plus bas, dans le creux, le pli de la terre où l'eau de printemps gronde dur, fait un tonnerre, un boucan violent avec plein de coups, d'explosions de partout, il observe qu'à la limite de la rive et de l'eau, des vagues qui écument et bouillonnent, deux grandes autos sont fichées, enfoncées verticales ! Deux caisses de tôle plantées raides dans la caillasse de la berge, le nez en terre, le cul en l'air, les deux coffres ouverts, qui bâillent vides vers le père, le parapet, la ville endormie et ce putain de ciel noir, fendu d'aube violette, de couleurs coulantes, affreuses, il a dit, le père – et Dieu sait s'il disait bien, lui, bien mieux que tous ces gens qui s'orgueillent de leurs écoles.

« Bon : dans le grondement, le roulement des galets, grosses caillasses, y'a les deux coffres qui béent, grincent, les deux autos qui oscillent, balancent portières ouvertes, et ce tintamarre aigu de verre cassé qui tombe, chute, infini, que c'était pas normal, déjà, parce qu'une voiture, vous savez bien, y'a pas tant de vitres que ça, et que la casse, le bris se continuaient longtemps, des minutes, il a dit, le père, et que c'était un bruit glacé, un cliquetis froid qui foutait la frousse, donnait le frisson.

« La plus longue des autos – ou la moins enfoncée dans le cailloutis, la boue à graviers du rivage –, le père remarque tout de suite que c'est une Lancia, une belle, rouge vif, lustrée, avec des flancs rebondis : "Une Lancia de chez nous, du pays, il remarque, le père, une bien montée, carrossée à Tarente, l'usine Alfa-Sud ! Pas une caisse boulonnée j'sais pas où, qu'on expédie à l'étranger, aux Anglais qui aiment tant ça, ou à Paris, la Lancia banale, la fille italienne typique, sexy, gironde, bien chaude : un bobard à pigeons, une réclame à estrangers... Non : celle-ci, c'est une Lancia-Lancia, une vraie, que j'en ai pas vu rouler ailleurs qu'ici, au pays, rien que pour nous."

« Là-dessus il a pas varié, le père. Et en voiture, tôlerie, il s'y connaissait : son dernier métier, ç'a été au garage Borbone, route de Lecce, tu vois ? Toi qui as l'accent de par là-bas, Lecce, Bari, tu vois ?

« Le père remarque l'énorme Lancia rouge qui branle encore un peu parce qu'elle vient juste de tomber, là, droit dans le sol, et parce que l'eau du torrent lui cogne un côté, la secoue, des petites bourrades, des poussons... Mais tout de même c'est pas rien, c'est dur, fort, le torrent. L'eau, d'ailleurs, elle a pas attendu qu'un temps infini, bien lent, tranquille se passe, se lambine : elle a aussitôt envahi la moitié de la caisse, il remarque, le père, pile la hauteur des premiers sièges, tu vois ? Et ça fait un clapotis noir, ombreux, là-dedans. Le père, alors, il comprend : c'est du caillou, du gravier de rivière qui s'agite dans la caisse, l'auto,

126

comme dans un bocal, et tinte, gongue aigu, froid, bris de verre entre les tôles, les fers…

« Mais l'autre voiture plantée, quillée là, c'est encore plus mystérieux : une Fiat de rien, comme il y en a des millions chez nous. Une grosse. Une 1100 beigeasse, avec le cul carré, à angles droits, pas baisable. Et elle était enfoncée profond, jusqu'à sa première portière, tu vois ? Emplie d'eau clapoteuse, elle aussi, mais, à ce qu'il a semblé au père, bien moins bruyante, cliquetante, musicale…

« Pourquoi cette voiture plus courte, modeste que l'autre s'était enfoncée si avant dans le caillou, le gravier de la rive ? Hein ? Pourquoi ? C'est la question qu'il s'est posée, le père… Non, non, il s'est pas demandé comment elles étaient arrivées là, quelle affaire y'avait eu qui les avait portées là, les deux tôles, alors qu'il y a pas de route carrossable qui descende jusqu'à notre parapet. Plus bas, vers Linuri, y'a une route qui longe la ravine, mais elle commence à cinq cents mètres d'ici. Et en face, sur l'autre rive, c'est le plateau désert : pas de chemin, que des pierres plates, géantes, des trous, des herbages. Même si une belle auto, une Lancia de chez nous, on va dire, une rouge grande classe, avec chauffeur ganté, fille blonde toute nue à l'arrière – hein ? tu vois ? –, même si un carrosse comme ça venait par hasard à traverser ce plateau, ces caillasses, il serait impossible qu'il fasse un bond par-dessus la rivière pour finir là, pile sous le parapet… Impossible !

« Le père, après, il se dit : "Faudrait un miracle ! Un incroyable, un vrai de vrai !" Et il avait drôlement raison parce que des autos y'en avait eu deux, en plus. Et si l'une est plus enfoncée que l'autre, il se dit, c'est justement la preuve du miracle ! Parce que c'est tout bonnement pas possible et que pourtant ça s'est fait ! Et même, la preuve des preuves, c'est le nez enfoui, le groin enterré de la Fiat : ça veut dire que cette caisse est tombée de bien plus haut que la Lancia, que c'est pour ça qu'elle a creusé sa tombe d'un mètre au moins quand la rouge, la luxueuse, s'est juste calée sur le gravillon.

« Tu vois ?

« Le père, il pense vite : il a fallu une force extraordinaire pour amener là ces autos et en plus elles sont fichées droit sous l'abside de l'église, de San Pier Caveoso, Saint-Pierre-le-Caveux ! Quand même ! Pour une coïncidence ! Car c'est là qu'on prie sa force surhumaine, à saint Pierre, l'athlète du Christ, le compagnon à Simon, Siméon le Machin, le Stylo, stylet, j'sais plus. Une sorte de surhomme, en tout cas. Y'a qu'une force comme ça pour te soulever deux autos bien lourdes, soudées, cloutées à la perfection, et te les projeter au bord de la rivière, gentiment côte à côte, te les balancer l'une de la hauteur des nuages, l'autre de celle des étoiles, de la lune !

« Le père, y'se tape le front de la paume de la main – la droite, la bonne, celle qui pourrait caresser la Blessure, l'entaille, le trou dans le côté du Bon Dieu, du Christ... Y's'tape et y's'retourne, fait demi-tour vite, vite, quitte le parapet, la place où l'on est maintenant, et remonte, tremblant de froid, trempé de brume matinale, grelottant de ce qu'il a compris. Et il crie dans la rue, la calade, il pleure, il braille... Les portes s'ouvrent, les femmes sortent, demandent, et déjà il y en a deux ou trois, des curieuses, des fouines, qui ont couru, échappé à leur homme et qui se penchent au parapet et crient, gloussent elles aussi, dès qu'elles voient l'arrière-train, le cul nu des autos.

« Le père, dans la maison, il s'effondre à la table. Nina se lève aussitôt, prend son homme aux épaules, et puis le chauffe, lui prépare à boire, et en même temps pleurniche de plus en plus, un ruisseau, un torrent... Nous, dans le grand lit, on tremble, aussi, on saisit pas, mais on tremble, tous les quatre, les petiots, un frisson terrible...

« Alors le père raconte, décousu, effrayant, et la mère, Nina, d'un coup pousse un cri de ventre, un vrai cri de femme effrayée : "Le verre brisé ? T'as dit le verre brisé ? Mais c'est une saloperie, ça ! Le Diab', oui ! L'Dangereux, l'Tordu !" À ces mots, t'as le père qui sanglote, des hoquets, des secousses, des larmes du Déluge... Attirée par le larmoyage, les bêlements, les cris de veau qu'on saigne, la *zia* fait son entrée des mauvais jours, pas très peignée, l'œil en vision, halluciné : "Muceno ! Muceno ! (c'est le petit nom du père) Amour de Muceno, amour de frère !" Elle a d'autres larmes que la mère : des larmes presque douces, sucrées, tu vois ? "Muceno ! Mon petit frère ! Je crois que tu viens d'entendre saint Pierre, que t'as eu une apparition ! Si, si ! Il t'a été donné d'entendre, de deviner le grand saint... Le verre brisé, c'est sa musique, son signal... Si, si ! Va demander au curé, puisque tu ne me crois pas ! Ignorant que tu es, que vous êtes tous ! Cherchez le curé, faites-le venir et il vous redira ça !

« Notre saint Pierre, qui n'est pas le premier Pierre, pas l'ami du Seigneur, mais un autre plus tardif, il ne sait pas venir dans le monde sans briser le verre, les miroirs, les reflets qui capturent la lumière, prennent, renvoient le soleil... Il faut qu'il casse en morceaux, fins éclats tout ce qui brille, illumine... Et ne riez pas, vous autres, ce ne sont pas des menteries ! Regardez plutôt le *zio* : a-t-il pas l'air de quelqu'un qui sait qu'un grand saint vient de se montrer à lui, de s'apparaître ? Hein ?"

« Nous les petits, sous l'édredon du lit commun, géant, déserté par les parents, on regarde l'oncle, le *zio*, sous le nez, et on lui trouve en effet la mine louche, trouble. Mais on est habitués à ce menton bas, tremblant, ces yeux lâches, fuyants, puisqu'il est toujours comme ça, l'oncle, après boire, après les excès, les tonneaux, les bouteillons d'*aglianico* – du bon, il faut dire, par ici, presque autant que sur les flancs du Volturno ou dans les Abruzzes... On se dit ça : l'oncle a peut-être entendu passer un saint, mais avant il s'était donné des forces à coups de gobelets et d'un jus noir, brûlant, épais comme un sang de messe... "*Zia* ! on crie, nous autres, *zia* ! On sait pas ce que tu dis, là, sur le bonhomme saint ! On sait pas ! S'il te plaît, raconte ! L'histoire du Pierre aux verres brisés, raconte ! Ça doit être bagarre !"

« Mais vous deux, les *Baresi*, vous la voulez, l'histoire ? »

Il nous fixe bizarre, Fiammetta surtout, et on comprend aussitôt : comme on a eu deux guides, on va avoir deux histoires ! Il faudra au moins quatre récompenses, et plus peut-être, parce qu'on n'a pas fini la visite, les ruelles, les grottes froides.

« Je veux bien *san Piero*, l'histoire de Pierre voleur de lumière, de soleil. Mais d'abord, explique ton mystère, les deux voitures plantées dans le sable, l'eau de la ravine. Et puis les autres, une dizaine, qu'on voit maintenant. Explique, qu'on soit pas venus pour rien... » Et je mets ma main gauche – la maligne – bien en poche, profond, ma veste fait un cliquetis sec, pas le ruisselet des verres cassés, plutôt la crécelle du sou, des petites pièces qui roulent.

Le grand sourit à peine, une lueur, et puis : « Tous pareils, hein, à Bari ! Pas vrai ? On s'ennuie le dimanche, on tournicote, on prend l'auto, on vient balader à Matera, voir les maisons-grottes, les taudis noirs, les croupissoires désertées par les pauvres gens, une sorte de zoo, hein ? De zoo humain pour visiteurs propret, curieux de leur prochain, de ses magagnes, laideurs, grossièretés… Mon grand-père qu'est né et mort là-dedans, s'il te voyait, l'*avvocato*, il te foutrait hors de la ville et il t'enlèverait ta belle, là, qu'elle connaîtrait le malheur, hein ? le gros malheur… Bon, maintenant, je vais t'expliquer ce que tu veux, les histoires, le bizarre, mais va falloir bien se tenir avec moi. » Et il fait l'œil noir, fixe, Calabrais énervé, colère : il a peut-être vingt-deux, vingt-trois ans, mais il menace bien, déjà, avec les formes, la force, le grand art.

« Bon, il reprend un ton plus bas, adouci. Bon. Les autos, je reviens aux autos. Le lendemain du verre brisé, dans la ville neuve, sur le plateau, tout le monde disait : "Oh ! C'est des affaires de 'famille', ça ! Les voitures qui tombent du ciel, tu parles… Ça sent le règlement de comptes ou l'avertissement, ce carambolage dans le torrent !"

132

« La "famille", *avvocato*, tu comprends ?

– Sûr, je lui rétorque, sûr que je comprends ! Je ne suis pas de Copenhague, moi, ni de Londres ! J'ai grandi par ici ! Ça va !

– Calme, calme, l'*avvocato* ! Si tu veux bien, si t'es sage, je continue, j'explique :

« Cette année-là, en ville, il y avait deux "familles" qui ne s'aimaient guère. L'une, justement, on la surnommait la 'Lancia' parce que ses membres se déplaçaient tout le temps dans les plus gros calibres de cette marque, des wagons bleu roi, noir fort, ce qui signale bien, tu vois ? Ils vivaient misère dans les grottes, trois pièces sans fenêtres, alignées dans le rocher, mais ils roulaient carrosse, Lancia.

« Les policiers qui enquêtent sur le saut de la première auto pensent bien sûr à ce clan, cette "famille". Sauf le vieil inspecteur, là… comment il s'appelait, çui-là ? Çui qu'était assez accommodant, compréhensif… Enfin, ce gars, un jour, il explose : "Vous n'avez que ce mot à la bouche : 'la famille, la Lancia' ! Or même si les 'familles' s'amusent maintenant à ça – jeter des tonnes de ferraille dans le torrent –, le premier mystère qu'on doit trancher, c'est de savoir comment elles ont procédé ! Leur technique ! Le reste viendra ensuite, tout seul." Car il a tout mesuré, arpenté, lui, avec ses hommes, battu, fouetté le torrent, sondé la falaise. Et il répète à qui veut l'entendre qu'en haut, dans l'herbe et la caillasse du plateau, on ne trouve pas trace de pneu...

« Ça dure un an, cet énervement sur les autos, les deux tôles enfoncées dans le gravier, secouées d'eau, cognées par les crues, les orages. Mais elles tiennent toujours droit, les garces. Et le matin, à l'heure que le père a entendu les verres brisés, cassés, on voit des femmes en nombre, agenouillées contre le parapet, qui prient bruyamment, marmonnent, moulinent : sûr qu'on doit les entendre, au commissariat, et que ça pourrait faire avancer l'enquête, secouer les endormis, couper leur sieste !

« Mais une nuit, nouveau fracas qui réveille le père. Une meute en pyjama accourt au parapet. Et là, stupeur : voilà qu'une troisième voiture est tombée ! Du sale boulot, cette fois, car elle penche, menace de s'aplatir dans l'eau, le courant violent à cet endroit. C'est la crue de décembre, sableuse, épaisse, qui la redressera, calera comme les deux sœurs... La surprise vient de ce que c'est une voiture bien connue en ville. Une bicolore ! Blanche à bandes noires ! Comme des godasses de maquereau napolitain. Une auto des Carabiniers, de la Police ! Avec son matricule énorme, qu'on lit facile sur les portières, çui de la patrouille de Zeffiro et Tonnello, qui faisaient équipe de quelques mois seulement...

« La ville s'en trouve plus divisée que jamais : ceux de san Pier, qui croient au miracle, aux athlètes du Christ, pensent qu'il a de l'humour, le saint, qu'il aime nous faire rire, qu'il va encore nous épater ; mais les femmes qui penchent pour le Diab' brise-vitres se mettent à avoir peur, surtout des deux policiers, des types étranges, louches, des escogriffes. Et la ville neuve s'amuse : oui, c'est un coup des "familles", un avertissement aux deux apprentis de la patrouille, et à l'inspecteur aussi, qui n'avait pas dû être accommodant, ces derniers temps.

« Trois experts de la *Guardia di Finanza* descendent de Rome. Des silencieux, des tristes, ceux-là, qui n'aiment pas traîner, ont le mot rare, vachard, froid. Ils cuisinent d'abord Zeffiro et Tonnello, tout honteux, tremblants de s'être fait voler leur voiture bicolore : mais ils ne savent rien, Zeff et Tonn, n'ont pas de soupçons, non, jamais, contre personne, ne se voient que des ennemis lointains, inoffensifs, en Lombardie, au Piémont, au-delà des Alpes, des petits vieux, des faméliques incapables de soulever une bouteille de *grappa*, alors, vous pensez, une demi-tonne de ferraille... Ensuite les tristes de la Brigade financière, à défaut de racler, ratisser la rivière gonflée, glacée d'eau de neige, montent se mettre au sec, au vent sur le plateau désert, les herbes, les cailloux de la rive morte, là-bas, face à la ville. Et en une heure à peine, ils font leur moisson : des dizaines de planches fortes, tu vois ? Des sortes de traverses à voies ferrées, sciées du long et disposées comme au hasard en tas discrets de trois, quatre à l'abri des roches rondes, des mamelons, tétons de pierre qu'il y a là-bas, de l'autre côté. "Avec ça, ils disent, avec les planches alignées bout à bout, deux hommes solides vous font en un rien de temps un chemin roulant, des sortes de rails où peut s'avancer, se lancer n'importe quelle bagnole." Et il y avait assez de bouts de bois pour enchaîner trente, trente-cinq mètres de planchages... Une piste de décollage, en somme. De quoi démarrer en trombe une grosse cylindrée qui, après, irait planer, voler dans la ravine.

« "Et le motif, alors ?" » ont demandé les bigotes du Diab' et les autres, aussi, le père, l'oncle, tout ce qui craint le Christ. "La raison de tout ça ? S'il s'agit de se débarrasser d'une auto, le canal de Tarente suffit, non ? Un vrai cimetière de tôles, ce canal, une eau qui sent le fer, la rouille...

« – Les pousseurs, jeteurs d'autos cherchent à faire peur, à secouer le craintif, le rampant", ont répliqué les chefs inspecteurs, les Romains tristes. La Lancia était un avertissement, une menace adressée au clan du même nom. Et la Fiat beige visait Redentore, son probable propriétaire, le transporteur le plus connu de la région, qu'on a retrouvé noyé, gargouillé comme sa voiture, quelques mois plus tard. De lui, le gars Redentore, de son plongeon, il ne faut pas rire, parce que *redentor* en latin, en vieux, vieux romain, il paraît que ça veut pas dire ce que croient les ignorants mais "transporteur routier". Oui ! Chez les Antiques, c'étaient pas les moteurs, le carbure, qui te tiraient les charrois, bien sûr, mais les bœufs, les petits chevaux, les mules. Alors Redentore, il avait le nom de ce qu'il faisait, comme son père et son grand-père, jusqu'au temps des empereurs : transporteur, camionneur de toute éternité…

« Il paraît qu'il n'aurait rien vu d'inquiétant au saut d'ange de son auto. D'abord il disait qu'elle n'était pas à lui, la noyée, la boueuse. Bon, d'accord, il avait un modèle à peu près pareil, ocre, vaguement beige, mais cette pauvre voiture aimait si peu l'eau qu'elle avait flambé, disparu dans l'incendie, le feu d'artifice du garage Borbone, route de Lecce. En plus, dans toute cette affaire, Redentore croyait à de l'extraordinaire, du pas normal, et il accompagnait sa femme au parapet où elle priait pour deux, pour dix.

« L'histoire des Carabiniers – qu'on appelle tous des "Carabines" par ici, comme tu sais –, l'histoire de Zeffiro et Tonnello, était plus embrouillée : quel pouvoir avaient ces deux-là pour s'attirer le

châtiment public, la ferraille tombée, la tôle sacri-
fiée, balancée au trou ? C'étaient des policiers
ordinaires, bien bas, faciles à calmer : un billet
bleu, du vin noir, et pour Tonnello, gros mangeur,
des paniers garnis, magnifiques, avec le *lardo di
Colonnata*, les *salumi* de la Maiella… Mais une
poignée de contraventions, ça ne te fait pas voler
une voiture des Carabines, ni monter ce cinéma,
la nuit, en plus…

« On n'a jamais su, en fait. Et on ne comprend
toujours pas. Ici, dès que la police est embrouillée,
ou un juge, le maire, tu ne sais plus rien. Et les
deux Carabines, là, ils continuent leurs histoires,
tranquilles, comme avant. Pas méchants, hein ?
rendant même des petits services… Leur voiture
pendant ce temps-là se désosse, la pauvre, se
carabouille toute, un rouillis, une passoire. La pire
des autos plongées. Et là, tu vois bien qu'elle n'a
pas la classe d'une Lancia, c'est sûr.

« Eux, ils disent aussi que le chemin de
planches n'a jamais existé. Une invention des
chefs, de ces Romains bizarres, sinistres. Il y a bien
des morceaux de bois, sur le plateau, mais des très
légers, de la cagette, si tu veux, du hêtre qui éclate
quand tu marches dessus. Alors, des engins de six
cents kilos, tu parles qu'ils auraient bousillé ces
languettes, cette pâte à allumettes, du vrai papier
mâché ! Ils disent même qu'à cinquante à l'heure,

au bout de trente mètres, t'as pas assez d'élan pour franchir le torrent d'un coup, que c'est pas humain. C'est leur mot : pas humain.

« Ils n'ont peut-être pas tort, parce que maintenant on en compte huit ou neuf, de ces grosses bagnoles plantées, vrillées dans la gadoue, la caillasse, alors que le plateau est surveillé, quadrillé, espionné. La nuit, surtout. Par les gens de la ville neuve, les curieux, les ficanasses qui voudraient savoir et qui racontent, racontent tellement que ça finira à la télévision, cette affaire, dans les émissions bien, à secrets d'État, à mystères, les enquêtes qui t'expliquent tout, le dessous des choses, le dedans même, alors que toi, naïf, abruti, tu comprenais pas, tu devinais rien. Maurizio Constanzo, un jour, tu verras qu'il nous fera la révélation, la vérité dans son show, son spectacle, et qu'on sera tout reconnaissants, qu'on voudra le remercier, cet homme qui est honnête, lui, qui ment pas, jamais, ça se sent bien… Aldo Moro, il a fait, déjà, et Totò Riina, et tout, et tout… Alors un jour il va s'en occuper.

« Mon père, lui, il attend pas ça : il fait son entêté, il persiste dans son idée. S'il était là, il vous dirait : "Y'a rien qui explique ça, rien. Des chutes d'autos à des mètres et des mètres de la route, sans la moindre trace ni marque au sol, c'est un miracle ! Pier, notre san Pier est venu

139

là, chez nous, dans les grottes, et il nous parle le seul langage qu'on peut comprendre, nous autres qu'on est tout mécréants, affadis et menteurs : le langage des autos, des tôles, huiles, moteurs, explosions ! Un saint aujourd'hui, pour nous toucher, il doit être drôlement malin ! D'ailleurs, dans la rue, on le reconnaîtrait pas : casquette américaine, jean délavé, petit polo moulant. Les chaussures, en plus, elles seraient Cerruti, bien classe, chic : l'Italien n'aime pas le débraillé, et ce saint, il ressemblerait à n'importe qui de normal, pas vrai ?" Hein, madame ? (il s'adresse d'un coup à Fiammetta) hein ? qu'on le reconnaîtrait pas dans la rue ? Les femmes, je sais pas pourquoi, elles comprennent toutes ça. Vous, là, *signor avvocato*, je suis pas sûr...

« Bon : mon père a peut-être raison, c'est un drôle de mystère ici. »

Il s'arrête deux secondes, et puis : « Oh, madame, ça vous a plu ? » Il la regarde insolent, dur. Et moi aussi, juste après, il me fixe bizarre, l'œil en feu. « Reste l'historiette de san Pier – le vrai, l'antique, le moine moineau. Comment il est arrivé à Matera. Un classique, ça... Assez long, pour sûr... »

Je lui tends la main, doigts repliés, bien fermés. Dedans je serre, fripe trois gros billets, des riches sûrement, l'obole armoriée que verserait un

140

avvocato satisfait, un nez long de Bari à l'instant de repartir comblé, parloté, content de jouer à çui qu'on a trompé. Le jeune homme sourit narquois, aigrelet, et son frère, le dix ans, se met à pleurnicher qu'il est tard, veut rentrer. Moi, j'espère juste que les coupures froissées, les fafiots coloriés que j'ai donnés sont des vieilleries tassées, bouchonnées dans mes poches, une monnaie morte, oubliée, des mille lires déclassées : ce qu'un saint pour m'aider jetterait à la gueule rusée, aux babines tremblées du fils qui vend l'âme, le sang du père et la peau des aïeux. Oui, c'est tout ce que j'espère.

CHAPITRE 8

Mamma *Anna donne banquet*

« Je sais pas, je sais vraiment pas ce que fait Beppé chez sa mère, Anna, *mamma* Anna, le dimanche : on ne les voit jamais à Manfredonia, à la plage ou sur le *lungomare*, aux belles terrasses. Et pas davantage en balade, avec l'auto, la Mercedes, sur la route des auberges, des tables bien fournies, agréables. Été, hiver, ils sont invisibles, les deux, la mère, le fils… À croire qu'ils restent bouclés, enfermés. »

Tisicuzzo a dit ça en toussant, une mauvaise quinte, une secousse des profondeurs, comme s'il s'encrassait au petit brun, à la pipe, ou comme s'il avait le coffre large, des poumons géants, des cavernes de Cyclope. Or il n'a jamais fumé, Tisicuzzo, et la poitrine, le coffre, les soufflets de forge, chez lui, sont tout étroits, resserrés, un bréchet d'oiseau, de becfigue on dirait, une maigreur, une finesse comme son visage, sa tête aiguë, en pointe d'épée, lame dure, pur esprit.

C'est notre faute s'il tousse, l'ami : on l'use, on l'épuise, on est sans cesse à supplier qu'il raconte ses histoires, ses vies de grands hommes, d'Italiens guerriers, héroïques. On le tue à la tâche, au portrait, à l'anecdote, on l'applaudit, on le presse de poursuivre ou de recommencer, on lui interdit de jamais s'arrêter, reprendre un peu d'air, une fraîcheur, une goulée.…

Parfois lui aussi, comme Nardo, ou Pescasseroli, appelle les morts, les anciens – juste leur ombre, bien sûr, pas le sang, pas la chair, le corps splendide et lumineux qui sont gardés pour le Grand Soir, le Retour de tout à la vie, la Résurrection magnifique, et qui sont réservés à Lazare, à Élie, au Bon Dieu. Il est humble, prudent là-dessus, évoque simplement des images, des fantômes, le voile un peu grisé, bistre ou jauni qu'ils ont laissé sur terre dans leur errance, leur bref passage, leurs exploits. Un jour il nous fait le grand Jules, l'empereur César, une peinture à détails : qu'il avait le nez fort, bien camus, tout cassé, la peau coupée de ridules, que les veines rougeaudes y saillaient, qu'on y devinait la force future de l'Empire, sa sève, son jus violent, les quatre siècles à venir, les prodiges qui s'annonçaient… D'autres fois il parle de nous autres, la bande des bavards, les oubliés du bar Fidori.

Mais nous peindre, nous montrer en dessins subtils, en vignettes doucement coloriées, finement nervurées, ramifiées, presque vivantes et palpitantes, tout ça l'accable, le vide à mort, une loque muette, éreintée. Il ne repart qu'à la colère, au doigt pointé, il lui faut de l'ennemi, du traître, de l'adversaire, quitte à le débusquer devant lui, au comptoir, à la table voisine. Le mois dernier j'étais sa cible, son os à ronger : vingt ans que moi, Giovanni, natif des Pouilles, j'avais fui à l'étranger, très loin, au bocage français ! Vingt ans que je n'étais plus du pays, du Midi, de Foggia, que j'étais de nulle part, un pauvre type égaré, une tête à demi franque, une face pâle, un navet qui craint la lumière, le vent fort, le ciel vif.

Et aujourd'hui, il s'amuse à griffer Beppé, son vieil ami Beppé, là, devant nous, au comptoir ! Et en son absence !

Pourquoi, mais pourquoi ?

Sans doute parce que Beppé ne s'est pas présenté au Fidori à l'heure habituelle, n'y a pas livré le lot d'histoires nues, espérées sur la femme du *dottore* – celle qui règne et nous tient.

« Note, il reprend apaisé, le souffle lisse, régulier… Note qu'on ne doit pas rire beaucoup le dimanche chez *mamma* Anna et qu'être consigné via d'Azeglio te fait sûrement rêver du pénitencier de Turi !

« Mais Beppé n'a pas vraiment le choix : un jour comme ça, un dimanche, il ne peut pas retrouver la *Dottoressa*, sa Vénus, sa naïade, puisqu'elle se pavane au bras de son mari, le bon *Dottore* ! C'est le seul après-midi qu'elle lui consacre et un tel sacrifice exige au moins que le trop visible, le large Beppé s'éclipse, disparaisse des lieux de promenade. Alors Beppé s'ennuie le dimanche, mais en bon fils, devant sa mère.

— Peut-être qu'il lui fait ses mèches, à sa mère, sa fameuse teinture ? grommelle Pandone, le ventre avantageux, collé contre le comptoir, histoire de placer son mot. Vous vous rappelez : le noir-noir de ses boucles, le reflet plume de corbeau. Des mèches figées dans une couleur épaisse, luisantes, comme trempées dans la poix… Une pyramide de cheveux qui brillent, lancent des éclairs et tiennent miraculeusement enchevêtrés jusqu'au plafond.

« Il faut bien que quelqu'un l'aide, non ? Ça s'effondrerait, se ruinerait, autrement ! Et elle pourrait pas remonter la via d'Azeglio jusqu'au Giardino Moro, ça tomberait, croulerait comme l'empilement des *pancerotti*, des divines pâtes à la viande d'Albero Ceo la semaine dernière : une

vraie pièce montée de pâtes fumantes, un chef-
d'œuvre précieux, il nous apporte, le bougre… Il
était fier comme Garibaldi, mais sitôt le plat posé
sur la table : patatra ! Un écroulement, une dégou-
linade !

– Voilà ! » le coupe nerveux, empressé,
Tisicuzzo qui ne supporte pas qu'on rivalise dans
les histoires, les inventions. « Voilà ! C'est ce qu'il
fait le dimanche : il cuisine pour *mamma* Anna !
Pandone a raison : il enfourne, il larde, il mijote !

« Parce qu'il en faut à sa mère ! Et du bon, du
solide ! C'est comme les hommes, jadis, quand elle
était belle : des quantités, elle usait, des wagons…
Mamma Anna ne juge que par le volume, la
masse…

– Sûr ! dit Pandone. Sûr ! Tu te rappelles le
grand banquet pour les funestes funérailles du
veuf Gretti, çui qu'elle a serré juste un an dans
son lit ?

– Si je me rappelle ! On y était, nous deux,
au banquet pour le mort. Mais ça n'a rien eu de
funeste !

– Un menu extraordinaire, elle nous a fait,
ronronne Pandone.

– Oui. Extraordinaire, inoubliable… Encore
que, à la réflexion…

– "Encore que ?" Qu'est-ce que tu veux dire,
Tisicuzzo ? Tu n'as pas le droit de faire le délicat,

le nez fin. "Encore que !" Jamais de ma vie je n'ai vu une ripaille pareille !

— Moi, je dis "encore que" parce que j'ai le droit de dire ce que je veux. Et puis, je ne sais pas si tu t'en souviens, mais, à la fin du repas, il y a eu ce "gâteau de Vicenza". Une horreur. Une cochonnerie à s'étouffer.

— Mesquin, Tisi ! Petit ! Minuscule ! Là, sauf l'amitié, ça ne se fait pas. Car tout le reste, les plats, les délicatesses, les raretés : inoubliable !

— Oui, Pandone, oui. Mais elle n'avait pas inventé le menu, rien ! Il faut le dire. Comme Gretti, le mort Gretti, venait de Castel San Giorgio, juste derrière Pompéi, elle avait repris en son hommage le détail d'un repas, d'un banquet, d'une débauche donnée dans cette ville en 79, novembre 79.

— 79 ? demande tout bas, d'une voix fluette, le grand, le solide Burini. Qu'est-ce qui s'était passé, cette année-là, pour qu'à côté de Naples ils mangent monstre, bestial ? L'*Olimpico* avait gagné la *Lazio* ? C'est un truc comme ça ?

— Oh, Burini ! se désole Tisicuzzo. L'Italie n'est pas un terrain de foot ! Avant de tracer au cordeau les soixante-dix mètres du stade San Paolo, les Napolitains avaient bâti quelques temples, deux ou trois petits palais, et même un beau forum, n'est-ce pas... Le 79, le novembre 79 dont je parle, c'est le seul millésime à porter vraiment ce baptême, Burini ! T'as compris ? Le seul 79 qu'il y a eu en deux mille ans ! Le novembre qui a précédé l'explosion du Vésuve ! Parfaitement !

« Un demi-Grec de Pompéi, à la veille d'être réduit en cendres par la grosse éruption, avait donné un fameux banquet dont on a retrouvé le détail gravé dans la pierre avec les tas de cailloux, les décombres de la bonne ville ensevelie. Un autre festin, cette ruine, cette destruction de Pompéi : une goinfrerie de Vulcain, le goulu à bedon qui ronfle dans les flancs du Vésuve et, de temps en temps, dégorge sa lave, tire une langue rouge et brûlante qui rafle et avale tout ce qui passe à portée ! Quelle orgie il s'est payée en dévorant Pompéi, Herculanum et ce demi-Grec archigras qui digérait tranquillement le plus beau festin de sa vie ! Peut-être que Vulcain voulait juste goûter aux ortolans du dîner et que, du fond de son mauvais sommeil de gros mangeur, il a maladroitement ouvert le bec pour qu'on le remplisse à fond, comme il se doit.

« Note bien, Burini : elle a eu du cran, *mamma* Anna, de nous le refaire, ce gavage, cette grande agape, parce que les tétines de truie à la soupe d'orge, les orties de mer et les murex n'avaient pas porté chance aux premiers convives et à leurs cuistots. Est-ce qu'ils avaient seulement eu le temps de bien digérer, les pauvrets, d'engraisser

149

un peu avant de sentir les ardeurs du fourneau de Vulcain, ses bras de flamme ?

— T'as parlé de tétines de truie, demande encore Burini. Comment *mamma* Anna les avait préparées ? Parce que, tu sais, les extrémités du cochon, de la cochonne, c'est connu pour le cartilage, un caoutchouc impossible, où tu laisses les dents…

— Fines lamelles, Buri, intervient Pandone, soudain sentencieux, érudit, vrai savant. *Mamma* Anna avait tranché au rasoir les tétines, dix, douze lamelles souples chaque, les avait martelées, comme pour la *scaloppina*, mais deux fois : à la découpe, sur la planche, et après la marinade au vin d'herbes. Macérés longtemps, triturés, la tétine et le téton sont divinement bons.

— Dans les raretés, reprend aussitôt Tisicuzzo, on trouvait également des mauviettes !

— Tu dis ça pour Pinzolo : toujours tu le traites de mauviette.

— Non, non, je le dis pour le bonheur, le ventre plein, tout chaud, la bonne rondeur… La mauviette lardée, piquée de sauge, rôtie, t'enflamme juste ce qu'il faut la langue, le palais, le coin des lèvres. Ça te brûle un rien, ça t'irrite le coin de la bouche et, du coup, tu te calmes avec un rouge corsé du Volturno, un *aglianico* somptueux du domaine de Dodi Testa : t'as l'impression de souquer une belle fille en feu !

— Tisi ! grogne Pandone. Tu parles vin comme un Français. On s'en fout, nous, de l'étiquette, de la vignole… Il n'y a que les dégénérés de Milan qui te viennent pleurnicher sur l'année, la vigne, le nom du gars qui tient ça : *mamma* Anna, elle servait du rouge de Campanie, *basta*, rien de plus précis, et il était fameux !

« Et moi, d'ailleurs, quand je vous régale, c'est le blanc de mon oncle ou le rouge de par ici, ou d'un peu plus loin, et ça suffit bien.

— Non, non, Pandone : trop facile, là, tu vas trop facile. *Mamma* Anna avait choisi plusieurs vins de Campanie en hommage au Gretti de Castel San Giorgio, mais des fameux, des rares, surtout un *aglianico* du Volturno.

— Têtu comme toi, il n'y a que Pescasseroli ou Beppé… Mieux vaut raconter les autres bizarreries du banquet, va… Tu te rappelles un genre d'algue rousse, là…

— Une tulipe. Une tulipe de mer. En salade. Avec des huîtres tièdes et des moules vives. Bien napolitain, le plat…

— Et… et… bégaie Burini, tout intimidé mais curieux, dévoré, une pie. Et… et… vous avez mangé la totalité ? L'enfilade des plats ? Au complet ?

— Oui, oui, fait Pandone, l'air modeste, comme si ça allait de soi. D'abord la *gustatio* comme

l'appelaient les Pompéiens, les Romains gourmets
(nous, on dit *antipasto*, eux ils insistaient sur le
goûtage, le bon que tu sens sur la langue ou dans
la bouche). Rien que là, t'en avais pour une heure :
des huîtres, les palourdes – mais une ou deux
chaque, pas plus – ensuite les mauviettes que
j'ai expliquées – là aussi, deux ça suffit bien – la
poularde aux asperges, les...

– En fait, le coupe Tisicuzzo, on te passe un
plat de chaque mets et tu picores, vois-tu. Tu ne te
goinfres pas, Burini : tu picores léger.

– Oui, mais quand même, à force... Vous
n'avez pas été malade ?

– Pandone si, moi non ! ricane Tisicuzzo.
Comme toujours ! Il ne sait pas s'arrêter.

– Qu'est-ce tu racontes ? proteste Pandone. J'ai
pas été plus malade que toi. Une nuit courte, un
peu épaisse, c'est tout. Tu n'étais pas bien leste non
plus.

– À cause du vin, de l'*aglianico* du Volturno.

– Ou du *primo*, *primo piatto*, gronde Pandone.
Il y avait des spondyles, des orties de mer, encore
des moules, et puis du chevreuil, du sanglier...

– Jamais la *pasta*, je vois, jamais les *penne*, les
belles pâtes fumantes, murmure Burini, tout
attristé.

– Non, Buri, le corrige gentiment Pandone.
La *pasta*, c'est l'Italie nouvelle, moderne, nous

autres, qu'on est des sacs à grain dur ! Mais les Pompéiens, les Romains, ça ne mangeait que viandes, coquilles et poissons. Des choses fermes, qui tiennent à l'estomac, dans le genre de la tétine de truie.

— Et puis le chef-d'œuvre : du fromage cuit mijoté ! » Tisicuzzo a pris soudain une voix aiguë, coupante. « Un ragoût de fromage, du brebis, du *pecorino*…

— Chaud ? Cuit ? Pouah ! Il devait rendre sa graisse, un suint jaune.

— Non, le sermonne Tisicuzzo, énervé, professoral. Avant tout, *mamma* Anna l'avait passé au four, pour l'évaporer, en sorte, puis roulé dans une serviette tiède, je pense, pour bien l'éponger, et enfin mis à cuire dans une bonne marmite sèche, profonde… Un ragoût fameux, ça donnait, bouillonnant, remuant !

— Et à la fin, ricane Pandone, le succulent gâteau de Vicenza, le mets préféré du délicat Tisicuzzo !

— Hélas ! Une horreur, un étouffe-chrétien.

— Tisi qui donne son avis sur les desserts, maintenant ! Tu n'en prends jamais, l'ami. Juste les glaces.

— Oui, comme Leopardi. J'ai le même goût que Leopardi : le vin du Volturno – à la rigueur du Vomero – et les sorbets, les glaces : un palais italien, royal, de Bourbon-Naples, en somme.

— Un rien précieux, raffiné, l'ami Tisicuzzo !

— Suffit, vous deux ! les coupe Burini. Vous allez pas vous chamailler là-dessus ! Encore, toujours la querelle. On voudrait bien digérer tranquille la liste, les beaux mots, bons morceaux, hein ? Voir vraiment, tu entends, voir comment est la salade de tulipes de mer ou le machin grec, le dactyle, le spondée... Pour ça, faudrait être moins italiens et davantage des Pouilles, ou même du Gargano, qui est le dernier réduit, chez nous, la haute civilisation : alors on saurait se taire, faire silence quand on se retrouve. Le silence de qui déguste, profite !

— Quelle erreur, Buri ! Quel manque d'éducation ! Le vrai bonheur, c'est de parler, babiller quand on prend son plaisir ! Imagine : je suis avec une belle. Elle s'apprête, ondule, m'amorce bien comme il faut, lentement... Je lui cause, moi ! Je lui fais des phrases, la grammaire infinie. Je double, triple ma ration de joie ! Je vais pas la laisser dans le silence, le froid, l'angoisse... La pauvre !

« Elle se fait adorable, là, tendre et tranquille devant toi, elle te montre son petit ventre rond, ses tétons blancs et roses, ses bras potelés, à fossettes, comme tu aimes, on sait bien, et toi tu fais la mine, le sinistre muet, le glaçon qui dit rien !

« Tandis que des mots choisis, nombreux, des mots qui volent en essaims dorés comme abeilles en juillet, te picotent, taquinent la belle offerte, la fille, dame alanguie, te l'enchantent, renversent, des collines en lumière, un ruisseau qui bondit, des grottes douces, un pays qui frémit.

— Tu vois, fait Buri après un silence, une gêne, tu vois, votre malheur à tous, presque tous par ici, votre vice, on peut dire, c'est que vous ne savez pas goûter, apprécier.

— Oh là, là, le radoteur !

— Non, Tisi, non, me coupe pas ! Je veux finir long, lent, à ma façon.

« Je disais en premier que vous savez pas apprécier.

« Mais il y a pire : vous ne profitez pas, jamais, parce que vous êtes des trouillards !

« Parfaitement !

« Votre trouille, c'est les choses, les vraies choses. Ou les femmes, les filles, les vives, les vivantes, celles qu'on peut embrasser, serrer pour de bon... Les foies, la jaunisse, vous avez, face à elles.

« Alors, pour éponger la peur, vous ouvrez le bec, bien grand, tout profond. Et vous vous lancez : que des parlottes, des racontars qui font comme une fumée, une brume sur les choses, les filles.

« D'ailleurs, ça s'aggrave vers le nord, chez les Lombards : ils sont encore plus verbiage et postillons que nous, ils enfument tellement de mots paniques, foireux leur grosse ville, leur Milan, qu'ils ont le ciel tout gris, le temps le plus pourri de la Péninsule. C'est pas une preuve, ça, peut-être ?

« Alors je vais vous dire ce qui va se passer, maintenant.

« À force, à force de raconter les menus, les plats avec des milliards de mots, on mangera plus, nous autres, on se séchera, squelettera ! Parfaitement ! Et à force de parlotter nos femmes, une phrase puis l'autre, une espèce de dictée, d'orthographe casse-pieds, on les honorera plus, nos belles, on sera des châtrés, des mollassons !

« Et alors... et alors, vous savez ce qui se passera ?

« Eh bien, y'en a d'autres, d'autres bonshommes, des concurrents, qui nous les prendront, nos femmes ! Les Français, par exemple. Et vous voyez qui je vise, ici, au Fidori. Les Français ou les demi-Français, ceux qui vont vivre là-bas, au bocage, dans la gadoue, ils ont de la facilité à se taire, à rien dire quand ça leur plaît, ou à donner juste un mot pour une chose, un tout petit, chevillé un peu court, mais ça suffit. Après, avec ce petit mot, ils prennent le temps de rêver, de s'imaginer. Parfaitement.

« Alors c'est simple : un jour, dans vos lits, y'aura que des Français ! »

CHAPITRE 9

Le poing de Burini sur la tête du père

« Bon, Adeato : je vois que tu prêtes enfin attention à ma modeste personne, que tu daignes me regarder, moi, Pandone, qui d'habitude fais partie des meubles, des choses inertes auxquelles on ne cause pas… Oh, sûrement que tu espères que je te régale gratis. Mais pour ça, faudra voir, attendre un peu… Parce que j'ai à t'entretenir d'un sujet essentiel, vital, tu entends, pour nous tous : Burini !

« Oui, parfaitement ! Bu-ri-ni ! Qu'une fois au moins dans ton existence tu soyes éclairé sur une personnalité ex-cep-tion-nelle !

« Le gars Burini, maintenant qu'il est ressorti, il faut que tu le voyes tel qu'il est, quand même. Il ne vient pas souvent, mais c'est un cas, un intéressant, un très, très intéressant…

« Il faut que tu fasses l'effort d'imaginer qu'il tiendrait ta place, juste ton petit siège à la grosse table. Et qu'il fait son bruit, son tintamarre formidable… Si, si : formidable !

« Imagine : index, majeur, annulaire, les trois gros doigts s'abattent l'un après l'autre, frappent vite, en rafale, le bois de la table. Puis la main lourde, épaisse, bûcheronne fait un écart leste, rapide, de danseur, vers la gauche, et le pouce bien pesant tape un petit coup de rien, délicat, léger, une grâce, et aussi sec, le doigt nain, le minus te finit, te conclut la saccade, précis, net, clair.

« C'est beau, cette tambourinade : ça ravit, ça saisit, même quand on l'a entendue cent fois. Et tu es sûr, là, que ça va repartir, rouler sur la table, en rythme – trois, un, un –, un tempo d'enfer si la belle main, le bras fort, la tête large qui font ça ont deviné, pressenti qu'on était plusieurs à regarder, à passer devant la porte ouverte du café, la table au soleil, la place réservée du sieur Burini.

« "Il se moque", on dit souvent, quand il fait son tintamarre.

« Ou plutôt, ce sont les femmes qui disent ça, garces et craintives, comme toujours… Mais en même temps, elles te répètent qu'il a du regret, Burini, une vraie tristesse, une nostalgie de son pays natal, Sulmona, aux Abruzzes, au pied du mont Morrone. Et sur la tristesse, le cœur fendu de Burini, elles ne mentent pas, les femmes, elles voient juste, profond. Je dirais même que personne, à Foggia, n'a autant de peine que Burini. Oui, vraiment.

« Car il était porte-drapeau, là-bas, dans son pays natal, à Sulmona, le jour qu'ils ont la fête, le défilé pour un saint qui les protège. Un honneur, une sacrée gloire, cette fonction : chaque quartier de Sulmona — et il y en a cinq, je crois, rivaux, haineux les uns des autres — te désigne un roi, un prince qui tient ses couleurs et mène la bande, le défilé. Et en tête de la fanfare de son quartier, Burini faisait des passes exceptionnelles, héroïques avec la hampe en bois, lourde, haute comme lui. Dix ans il s'était entraîné pour la grande démonstration, la parade de nuit, l'explosion finale, une bamboche orgiaque à vingt-mille dans les rues, sur les places… Dix ans !

« Et puis est arrivé le jour qu'il a frappé son père… Une carne bûcheronne, lui aussi, un montagnard recuit dans le trou surchauffé, fermé de Sulmona, une des deux cents villes trous, fours, fonds de combe, qu'on a partout en Italie et qui, l'été, te tournent le sang, te rendent violent, détruit de chaleur… Enfin c'est pas pour ça qu'il l'a frappé — pas vraiment. Il l'a frappé parce que le père lui donnait encore des ordres, et devant la mère, en plus, et les sœurs, la tante, les cousins, des ordres à lui qui avait vingt-six ans et s'était préparé parfait à la marche aux tambours, aux flambeaux ! Il l'a frappé parce qu'une heure avant le démarrage du défilé, le père était toujours à lui aboyer dessus, comme s'il avait crié à un morveux, à un gamin !

« Adeato, tu vois la tragédie, la tristesse ? Tu vois la catastrophe ?

« Mais c'est pas tout, il y a bien pire...

« Sitôt qu'il a frappé son père, Burini lâche tout. Tu entends ? Il arrête illico de faire le lanceur d'oriflammes, de bannières magnifiques, à la hampe rouge et blanche, deux bandes peintes, contournées, enroulées comme aux sucres d'orge, aux douceurs coloriées des soirs de manèges, de fêtes foraines. Il lâche tout ! Tu imagines la décision ? Les conséquences ?

« Non ? Tu imagines pas ? Tu comprends pas pourquoi c'est pire que d'avoir frappé le père ?

« Eh bien, je t'explique.

« Chez nous, de frapper le père, ça s'est toujours fait... Mais si ! Parfaitement ! Ça n'est pas apprécié, bien sûr, mais ça se produit ! Et pas seulement depuis le docteur viennois, là, l'espèce de mage autrichien, le barbichu Simon, Frounde ou Friende, qui te l'a rendu obligatoire, le coup, la bourrade au père... Parfaitement : obligatoire ! Une sorte d'hygiène... Mais chez nous, rappelle-toi Scott, l'astrologue de Frédéric II, le grand Federigo : il avait un fils très, très nerveux, un tempérament à bouillir. Et un beau matin, il a cogné le père ! Même à cette époque qu'on nous cite toujours en exemple, ça se faisait couramment et dans le meilleur monde ! Y'a rien à dire là-dessus !

« En revanche, l'abandon de Burini est bien plus terrible. D'abord, il te met tout son quartier et toute sa ville dans un pétrin, un désordre incroyables, qui ne s'étaient jamais vus ! Pense qu'ils ont dû annuler la fête, l'orgie ! Et puis, en lâchant le drapeau, Burini blesse à mort son père : il l'emmerde, comme seul un fils peut emmerder son père, mais surtout il le tue ! Parce que ça faisait six générations, il paraît, que l'aîné de la famille Burini lançait le drapeau à dix-huit, vingt pieds de haut via della Scarpa, un canyon, pourtant, cette rue, un goulet serré, des maisons perchées contre le ciel, une rue où fallait être un as, une force, un héros pour dépasser de son drapeau la corniche des maisons nobles. Tu parles d'un honneur et d'une tradition ! Autre chose que les conneries du téléviseur ! Aussi, le père, il se sent mal ! Le soir même, il démarre une jaunisse, tout de suite, en un clin d'yeux, et elle lui dure encore, il paraît. Tu te rends compte, Adeato ?

« "Burini le jeune", on disait du fils. Quelle blague ! Quelle erreur ! Car ce jour-là, le jour du coup, qui était il y a plus de dix ans, le fils Burini est devenu vieux instantanément, à vingt-six ans ! Vieux et triste de souci. Des cheveux gris, des rides.

« Et en même temps, il a tourné ultra-moderne, une espèce de chevelu hippie et pas propre comme t'en as eu un moment en Angleterre, à Milan : il pouvait plus être un vrai fils, bien peigné, gominé, la raie sur le côté. Il pouvait plus faire comme le père. Il a viré crasseux, la tignasse, la vêture de ceux qui ont fait la faute.

« Après cette histoire, Burini est resté un an à Sulmona, un an à faire le banni, à s'enrhumer solitaire dans les courants d'air d'un café à étage qui donne sur la place dallée, corso Ovidio, une placette dont les *Sulmonesi* sont archi-fiers, un symbole pour eux. Mais Burini ne les gênait pas là-dedans puisqu'on ne le voyait guère, qu'il était devenu une ombre, le gars qui rase les murs.

« Et puis, l'été suivant, d'un coup, le scandale incroyable !

« En tête de la parade, du défilé de l'*Oca*, l'Oie, le quartier rival de celui du père, qui voit-on qui ouvre la marche, le carré serré des ennemis de toujours ? Burini le fils, plus énorme, engraissé que jamais ! Mais au lieu de lancer le drapeau, il tape de ses gros doigts, de sa paluche bûcheronne il tambourine comme un sourd sur une *conca*, un long cylindre tendu de peau de bique qui sert à rythmer la marche et les chants égosillés, violents que brame chaque bande !

« Burini premier tambour de l'*Oca* ! Burini qui s'affiche traître, félon, parricide ! En douce, il avait préparé sa revanche…

« Les siens lui ont fait la peau, bien sûr, et le soir même. Le clan du Cavallino, du père et du père de son père, lui est tombé dessus et l'a dérouillé à fond, cogné, une de ces raclées ! Le lendemain, tout saignant, il a quitté le pays et atterri chez nous par la gare, comme les pires.

« Mais il avait trois sous, lui, qu'il tenait de sa grand-mère, la *nonna*, qui l'adorait. Alors, assez vite, il a marié Zina, la veuve charcutière à nez de cochon, ce qui est un type de beauté, aussi, comme les femmes à jambes velues, qu'il y en a des tonnes en Molise, en Campanie…

« Bon, sa beauté, qui est bien brûlante, ardente avec lui, le fait travailler dur, Burini : il charcute, l'homme, il découpe, même si, dans le geste, il n'a pas la grâce, le doigt assez fin qui lui vient juste aux tambourinades, à la musique, aux défilés. Il tranche, il enroule, il larde, et de tout ce qu'il prépare, il goûte un peu, presque rien, avec sa belle. Et lui aussi, à force, il se fait cochon rose,

énorme, géant : un animal, quoi, une pauvre
bête...

« Tu vois, Adeato, tu vois ?

« D'abord tu frappes ton père : tu vois ? Bon.
Quand tu fais ce geste, le coup, hein ? tu te
déchois ? Tu es d'accord ? Tu tombes que c'est
terrible... Après, tu fais un métier vil, bas : tu
vends de la viande, du cochon. Chaque jour tu
coupes, découpes. Après, tu chutes encore : tu
deviens une bête à ventre, à groin, à babilles ! Et
un matin, tu comprends : là, ce que t'es en train
de couteler, saigner sur l'étal, la planche à vendre,
c'est toi, ta bedaine, ta carcasse, tes abattis !

« T'es pas d'accord, Adeato ? T'es jamais
d'accord ! T'as peur des vérités qu'on dit !

« En tout cas, si tu croises Burini par ici, quand
il traîne au Fidori, comme il fait souvent maintenant, regarde-le bien sous le nez, et dis-moi s'il
a pas l'air d'un gars qui se débite en morceaux
comestibles, en petits bouts, se mange soi-même,
s'étouffe de lui. Dis-moi s'il a pas l'air de s'avaler !

« Et demande-toi si, au fond, c'est encore un
homme comme nous, Burini le frappeur, ou si, en
plus d'être charcutier – ce qu'on croit tous qu'il
est –, il s'est pas aussi fait animal charcutable, du
manger gras, une nourriture. Demande, Adeato,
demande : vaut mieux pour tes vieux jours, ton
salut ! »

CHAPITRE 10

La place des morts

Je me souviens de l'oncle quand il était jeune, quand il avait trente ans.

On disait déjà de lui, Nardo, qu'il était « l'homme à l'auto noire ».

La voiture, son capot lisse, plus brillant que la nuit étoilée, tourne lentement, silencieuse, une lueur basse, un éclat sombre autour des remparts de Bari. Moi, j'ai dix ans et je me laisse conduire, mener – le même bonheur que mes cousins tassés petits à mes côtés. « Des remparts ! Un bien grand mot ! nous dit doctement Nardo qui tient ferme son beau volant gainé de cuir. Plutôt des pans de murs fendillés, usés. Des ventres de pierre claire et débonnaire, de la brique rose et tendre, sagement percée de fenêtres, ornée de balcons, fioritures. D'anciennes salles d'armes, des échauguettes retaillées en cuisines, alcôves, petites chambres, salons biscornus. Un souvenir, un vague tracé, cette muraille formidable, ces fossés. Deux ou trois courbes, virages, un chemin tors, un cercle lent autour de la vieille ville ! »

De tours, créneaux, ponts-levis, on ne voit pas l'ombre, nous autres, les trois enfants, les cousins entassés à l'arrière de l'auto. On aimerait bien en saisir une bribe, une pierre debout, des couleuvrines, une bombarde. Mais l'oncle nous répète que les Français et leur petit Murat ont tout réduit, raccourci lors de la prise de la ville, une forteresse pourtant réputée inexpugnable, grecque d'abord, puis Hohenstaufen et espagnole, une beauté dure et blanche, des places à recoins, redents, arcades basses, des portes à embuscades, crochetages, et des statues qui veillent, des saints de pierre maigres, émaciés, enflammés, meneurs d'hommes.

Le bonheur étrange, inquiet de rouler la nuit avec l'oncle sur le boulevard désert qui tourne, file et vire ! « Un ancien fossé, comblé xvie siècle », nous explique Nardo sentencieux, un doigt dressé haut par-dessus le volant : les vacances d'été chez l'oncle très savant commencent par un cours d'histoire nocturne, une leçon ténébreuse, un sermon qui fait lever les morts, les anciens, les tourmentés.

Et Nardo aussitôt les appelle, les hèle par la vitre baissée : qu'ils viennent vite, eux tous, qu'ils se pressent tant qu'on tourne ! On leur a gardé une place à l'avant de la voiture, la meilleure, la profonde, le siège à droite du conducteur, un vrai trône à rencontres, paroles, amitiés ! Ils n'ont plus qu'à s'y installer, s'y asseoir tranquilles, l'un puis l'autre, se montrer un peu, les discrets, les effacés, et nous dire quelques mots, une politesse !

« On roule sur des fossés espagnols, les enfants ! Plus antiques, même. De l'empereur Frédéric, Federico le Hohenstaufen, notre seul grand roi. Si j'accélère un peu, là, si j'écrase bien le champignon, fais gronder le moteur comme ça, taper fort les pistons, je vous garantis qu'en dessous ils vont s'éveiller aussi sec ! Et ils se nomment Huerlo, don Riejo, Hernan ! Du beau soldat trancheur, assassin ! »

Il se tourne, hilare, vers nous trois, serrés dans l'ombre de la banquette arrière, la nuit noire trouée de temps à autre par le halo blanc des réverbères, le rayon clair de la lune ronde, étincelante sur la ville endormie. Et de voir l'oncle ébouriffé, un doigt levé, nous fait rire, et aussi d'entendre rugir, hennir sa voiture parce qu'il a enfoncé comme un fou l'embrayage.

« Les Espagnols en dessous, vous sentez comme on les dérange, comme ils se retournent ? Hé, hé !

Les vieux bougres ! Larges, en plus, leurs fossés, leurs tombeaux ! D'une taille, d'une profondeur sans égales dans les Pouilles. Des milliers côte à côte là-dedans. Les derniers gardiens de Bari, aujourd'hui que les cimetières sont repoussés plus loin que les usines, au fin fond de la plaine ! Les dernières bonnes âmes à veiller aux églises, aux palais, aux reliques du moine Nicolas, Nicolas le Grec, le bonhomme si doux pour les petiots, les enfants… Un jour, vous savez, les Français, ces voleurs, ont supplanté les Espagnols, passé la douve bouillonnante de la Porta Bartolomeo. Parfaitement : les Français ! Tu entends, toi, derrière, sur la banquette ? Tes nouveaux compatriotes, les Français ! »

Et, de sa main libre, l'oncle cherche à m'empoigner la tignasse, et mes deux cousins, Nunzio, Donato, se mettent à me bourrer les côtes à coups de poings, une rafale, et à piailler, hurler : « Maudit Français ! Giovan le Français, le Parigot ! » *Parigot*, ils ont du mal à le prononcer : c'est moi qui leur ai appris trois jours plus tôt, quand j'ai débarqué à la gare de Foggia pour mes premières vacances d'exilé… « Par-hi-go ! » ils répètent, les cousins, en rythme, voix de châtré, filet coupé, suraigu.

Mais l'oncle clôt le ban : « Si ça se trouve, à Noël, quand tu reviendras nous voir, garçon, tu ne seras plus *pa-ri-got* mais moscovite ! Giovan de Moscou, Giovan le Moscoutaire ! Comme ça m'est arrivé à moi aussi, quand j'ai suivi mes parents là-bas, au pays des drapeaux, des coupoles. Une malédiction familiale, pas vrai ? Mon père enrôlé, puis le tien… Drôle d'exil pour des Italiens ! Rien à voir avec New York, ou Buenos Aires ! » Il éclate de son rire grêle, plus haut perché que nous : « Si ton père est appelé par les camarades à Moscou, tu seras le petit prince de Moscovie, le prince rouge, et tu brandiras la bannière écarlate ! » La voiture toute noire, elle, un acier luisant, à reflets durs, soudain ralentit, vibre. Le moteur s'enroue, hoquette, tressaute. On crie, on s'esclaffe, les quatre, puis une pétarade et l'avenue vide, le *Corso* recommence à défiler, s'ouvre large, un fleuve blanc de lune, étale, qui penche et glisse lentement à la mer éteinte, invisible, qu'on entend énorme, grondante, rageuse.

On roule encore entre le quai du vieux port et la rampe oubliée qui monte aux bastions, aux grands forts. Le *Corso* se tord, serre à la muraille, aux portes, aux ruelles barrées d'ombre, de nuit, et soudain, dans leur enfilade, on voit danser en éclairs la place aux Palmes, les lampes douces, des colonnes, des lumières.

... D'où je suis maintenant – loin des cousins perdus, de l'oncle qui repose –, je distingue très bien tout cela, les rues noires, la place blanche, le *Corso*, les forts, et je voudrais poser ma main en travers du boulevard, le barrer, le fermer comme on fait enfant pour jouer sur le plan d'une ville, une carte routière, le dessin de la Péninsule, que la voiture n'ait même pas le temps de freiner, qu'elle grimpe, échelle mes doigts en cahots, valdingue, capote et cale... Mon autre main, ses doigts crocheteurs s'abaissent alors devant la belle auto noire, la berline de tôle polie, vernissée, et la prennent doucement, l'élèvent au ciel de nuit, aux étoiles claires. Et l'oncle, les cousins restent dedans renversés, époumonés, à rire, à s'amuser, pour jamais. Peut-être même que les passagers du siège avant peuvent revenir s'asseoir et raconter, débiter des histoires, surtout Giovenale, Ettore Giovenale, le cavalier des Pouilles, le héros de Barletta – un beau parleur, une vieille connaissance moyenâgeuse que l'oncle a choyée, cultivée longtemps, et qui se débrouillait certaines nuits pour qu'on le promène jusqu'à sa ville, nous y montrait alors son armure à cabosses, les dessins mâchurés, les portraits noircis de ses chevaux, et comment il avait démonté, mis à terre douze lances, de vrais braves, des chevaliers français ! Oui, encore une fois, des traîtres français ! Et lui aussi me reprochait mon départ et l'oubli de la vieille terre, du bon sang.

À d'autres vacances, une nuit que le vent poudreux, africain, s'engouffre et cogne par les vitres ouvertes de l'auto, l'oncle pour se calmer enchaîne les virons, les tours de remparts, un vrai manège, l'ivresse, l'écœurement. Mais d'un coup, sans prévenir, il bifurque, enfile une percée droite, une allée platanée, un souvenir français – « du Joseph Murat pur jus ! » il grogne au volant... Il se met à bomber, accélère devant le théâtre Piccinni, remonte à toute vitesse entre les deux rangées d'immeubles XIXᵉ siècle, des boursouflés bourgeois, banquiers, un faux air triestin. Il traverse le quartier Vittoria, passe à fond de train la Fiera, les auvents, dômes de plastique, laides couleurs, et commence à freiner à petits coups, ralentir aux abords de la Spina, l'ancien faubourg espagnol, tout cloqué, éborgné, des palais aragoniens vendus au dernier venu, troqués en boutiques, porches à kiosques, garages, des ferronneries rongées, rafistolées d'enseignes, de panneaux à néons, des taudis à Albanais, filles voilées, longs turbans. La rue se fait vaste, déserte, un foirail, une lice, se scinde en patte d'oie sous le nez, la trogne d'un immeuble noirâtre, une pierraille goudronnée, calcinée.

« Amerigo », le nom du bâtiment sale où la rue trop large vient se couper en deux voies plus étroites, « Amerigo », parce qu'après la guerre et jusqu'au milieu des années quatre-vingt, siégeait là une antenne de la *Nato* (l'Otan) et que n'y entrait personne de chez nous, de Bari, mais rien que du géant blond à Ray-Ban, paquets de muscles aux épaules.

« Une fois, les enfants... commence Nardo comme s'il allait nous raconter Pinocchio, une fois s'avance par ici une grosse voiture noire aux vitres baissées. Elle prend lentement son virage devant l'immeuble américain et s'engage douce-ment à gauche, sur la route d'Altamura. C'est une berline sombre aux pare-chocs nickelés, aux ailes chantournées, étincelantes. À l'avant, le siège passager, le fauteuil de nos invités de minuit est occupé par une très belle fille, une brune un peu lourde, généreuse, qui est à demi penchée à la portière. Elle a le front haut, plutôt noble, et les lèvres serrées. À l'arrière, du même côté, est assise une beauté blonde, à peine voilée, à peine vêtue, dont on distingue par éclairs les bras, la peau nue.

« La voiture ralentit, un museau noir, effilé qui scintille, et le conducteur – homme, femme, on ne sait pas – vire doux, léger sous la façade éteinte que garde, viril et martial, jambes écartées, un factionnaire lesté de son gilet pare-balles, de son automatique pointé.

« D'un même mouvement, les deux filles font passer par les vitres baissées la tête d'une vieille Sten éraflée, la gueule d'un Beretta tout neuf, et se mettent à tirer, décharger sur le gars géant, un énorme, un vingt ans, mauvais âge, qui tombe fauché aux jambes, roule à terre gueule ouverte, hurle, lâche l'arme, le sang lui coule noir aux genoux, au bas-ventre, le gars n'a plus de forme, s'est boulé, replié, plus un homme, juste une tête qui crie, une bouche, un machin, l'os qui saille sous les chairs, une carne, un masque.

« C'est laid, un ennemi qui meurt », conclut l'oncle froidement, une haine glacée. Et il croit bon d'ajouter : « L'ennemi, à l'instant qu'il tombe, ne te fait pas pitié. Mon père, déjà, le disait du Boche, du salaud de Salò. Moi, je le dis du Ricain. »

Mais nous trois, les petits, on se tait : on a peur, soudain, de l'ogre, de l'oncle qui conduit voûté, courbé sur son volant, une ombre aiguë, échevelée. Je tremble aussi de crainte, de frousse, je me taraude, me demande si je pourrais moi aussi tirer, tuer l'ennemi, être un héros pour l'oncle, un objet de fierté, n'éprouver ni peine ni pitié, ou si, frappé d'une balle bien ciblée, je saurais ne pas montrer une tête laide, vaincue, affolée, une bouche fendue, arrachée, le signe des perdants, des lâchetés.

Donato le cousin palpite contre moi et, d'une voix étranglée, fifille, sanglote, murmure tout bas,

un gargouillis : « *Zio*… Oncle… *Zio*… Dis-moi :
c'était la même auto noire que nous, que ce soir ?
L'auto où on est, *zio*, elle a servi à ça ?

– Non, bougonne l'oncle adouci, non. C'était
une antique, une pièce de musée, du genre partisans en parade, une bonne bête en fin de course…
T'inquiète, Donato, t'inquiète, ton oncle ne
conduit que du neuf, du flambant tout propre. »

« Non ! Non ! crie aussi Burini, le bon géant,
les doigts épais… (Mais c'est bien plus tard qu'il
braille ça dans la cohue du bar Fidori, vingt ans
après la virée nocturne, l'immeuble américain,
vingt ans au moins.) Non, non, Nardo ! T'aurais
pas dû, jamais, t'aurais pas dû raconter cette
histoire aux petits, tes neveux… D'autant que tu
parles d'une chose que t'as jamais faite, toi : tuer,
abattre quelqu'un, égorger, charogner. À peine si,
naguère, t'as été bon à t'agiter, à manifester avec
le troupeau, les chevelus années soixante-dix, jeter
trois pierres à la police, aux casqués ! C'est pire,
ton bavardage, que si t'avais vraiment commis le
meurtre, l'attentat, et n'en disais pas un mot, rien,
par crainte ou honte, ou regret, va savoir… Ceux
qui ont versé le sang, ils se taisent toujours : y'a
que les impuissants, les planqués, les frustrés qui
jouent les pousse-au-crime, dégoisent, se vantar-
dent, des misérables, des ordures… »

– Suffit, Burini ! Grossier tambour, batteur de peaux de biques ! Vaut mieux que tu restes muet, toi, ou te contentes de taper dur ta calebasse. Quand tu causes, c'est rien que des niaiseries, des pleurnichages. À la messe, tu vas finir. Avec les bigots, les bigotes. À genoux, hé ! Curaillon rampant de Monte Sant'Angelo !

« Fais ! Fais le pèlerin ! Là, tout de suite ! Fais, Burini, fais ! »

Nardo lui parle comme à un chien, maintenant, comme au caniche, la boule de poils d'Attigliano, des mots courts, des aboyis, des ordres bas, des rosseries. Et personne n'en rit, dans le *locale*, personne.

Pour un peu, même, on le plaindrait, Nardo : un homme de sa trempe, qui a une belle tête, une dignité, ça ne devrait pas mijoter, recuire des aigreurs pareilles, des violences.

En même temps, je sais bien que Nardo est comme les autres, que la haine et la mauvaiseté des hommes mûrs, chez nous, au Mezzogiorno, sont terribles, maintenant. D'ailleurs, au dernier des jours, à la fin de tout, quand les Pouilles seront peuplées de vieillards enrichis, lustrés, soignés comme au Nord, à Londres, Paris, on n'entendra plus un mot de la vieille langue romaine, italique, mais des grognements, des cris jaloux, goinfres, et tous, là, l'oncle, moi, Donato, Pandone, on fera les bêtes, les goules, la horde.

Pourtant un seul suffirait à nous sauver, un oublié, un attardé, un pâlichon. Quand il a eu sept ans, j'ai pensé que ce serait Alfano, le fils du baron Calproni, un brunet malingre. Et puis il a fait de l'homme. Et de toute façon, il n'est pas sûr qu'il en reste encore un, en ce temps-là, parce que les simples, les doux, les idiots, on les aura tous embrochés, bocalisés.

CHAPITRE 11

Amore italiano

Voilà ce qui est arrivé la semaine dernière :

La voiture cabossée du cousin Donato et de sa fiancée Béfana, la belle amoureuse, s'est arrêtée en pleine nuit au carrefour de Castel del Monte, juste sous la colline ronde, les murs crénelés du château de pierre claire, blanche dans l'ombre souple, le vent de minuit.

Une portière s'est ouverte, deux jambes bottées de gros cuir se sont déployées, ont basculé vers le sol, les graviers, et un grand escogriffe s'est redressé sur le goudron, un géant léger, dans les deux mètres, une tête à cheveux, des boucles, la Gorgone ou Méduse. Il était hilare, un rire sonore, large et grave le secouait fort, plus rude que la bourrasque, et les deux de la voiture ont d'un coup claqué la portière, fait grogner, tousser le moteur fatigué, puis sont repartis cliquetant vers la nuit noire, la tempête.

À ce carrefour, les deux routes rectilignes font une croix parfaite, nette, un signe de plus sur la terre fouaillée, retournée des Pouilles, quatre angles droits, tracés entre les champs d'oliviers, les domaines plantés long, infini, d'arbres courtauds, bossus, des millions jusqu'à la mer Adriatique, les sables morts, une houle grise, un tournis. Quand on est là, debout dans l'obscurité comme Nunzio le géant, le rieur, on n'entend plus que la rumeur basse, le ramage sombre du vent dans les arbres serrés, et on croit au ressac grondant, aux vagues à fracas, à tonnerre, qui brisent sur les rochers, le rivage. Nunzio regarde les branches secouées, les torsades de feuilles agitées, battues par le vent qui enfle, rugit comme avant l'orage, la tornade : les arbrisseaux noueux et rablés font les beaux, les intéressants, tout échevelés, ils s'étirent vers le ciel, la nuit, dansent, giguent, bien plus grands, larges qu'au plein jour, au midi mort, immobile.

Mais l'air tourne encore, vire humide, tiède et saumâtre, on sent approcher la pluie d'automne, lourde, boueuse, soufrée. En trois pas, Nunzio se met au sec, à l'abri d'un digne et puissant seigneur de bois, un tronc luisant, des plaques d'écorce brune, des bras forts et longs, charpentés, une tête ronde, épaisse, une toison drue, régulière, qu'on dirait tressée, taillée de près comme un buis. Une pierre plate calée entre deux racines saillantes lui sert de siège : il peut passer là les quatre, cinq heures avant le jour, attendre le premier car traînard pour Cerignola, la camionnette époumonée d'un manœuvre, d'un cueilleur de Minervino. Une auto dans le petit matin ferait aussi son affaire, une auto plus accueillante, bien sûr, que celle des amoureux, le cousin Donato et sa fiancée Béfana, les tourtereaux qui l'ont abandonné au carrefour, sommé de descendre après une querelle, des éclats...

Une dispute avec son cousin, c'était pourtant le bonheur ! Et l'usage ! Depuis l'enfance ils n'ont pas cessé de se prendre au mot, de s'agripper, se chamailler. Et cette fois, Nunzio pouvait être content : très vite, la belle Béfana avait pris sa défense, morigéné doucement le cousin, l'ombrageux, le tortueux Donato, murmuré, susurré qu'on pouvait parler d'autre chose, de la nuit noire, de l'enfance, de la tempête qui se levait. Mais Nunzio, ravi de l'aubaine, exultant, avait poussé l'avantage, ferraillé dur, nargué, étrillé le cousin, et ménagé la fille agréable, la fiancée lasse et gironde, inquiète, intriguée.

Adossé à son arbre, serré contre le tronc rugueux, il continue de sourire : la pluie peut bien s'annoncer, et l'orage, le froid, le tonnerre, il sait que les derniers mots qu'il a lancés aux deux anges les tenaillent ferme, les rongent, qu'à force de les ruminer, remâcher en chemin, ils vont les faire leurs, ne plus savoir qui le premier les a prononcés, jetés en pâture... Donato sûrement veut vider la querelle, crever le sac aux humeurs, aux aigreurs, s'énerve, crie fort sur sa voisine, sa promise, la passagère. Et Béfana pleure, sanglote, se croqueville à l'avant de l'auto, un chagrin, une honte, un délice, le ventre, la gorge qui la brûlent... C'est un plaisir, ça, dans la vie : faire quereller deux qui s'aiment, se sont promis, se tiennent. Et consoler celle qui pleure, qu'on a rudoyée, offensée...

Voilà : la route qu'ils ont prise à Castel del Monte file droit entre les alignements d'oliviers, les longs murets de pierre claire. La vieille auto roule de plus en plus vite, tape aux creux, bosses, valdingue, fonce. Soudain, dans le faisceau faible et jaunasse des phares usés, leur éclat terni, se dresse un nuage charbonneux, luisant, un tourbillon lourd, noirâtre et boursouflé qui lève lentement de terre, montre son ventre sale à traînées cuivrées, reflets louches, rousseurs. Aussitôt le pare-brise, les vitres, la tôle crépitent, tintent bas, grave, un crible, une mitraille, des grains durs, des éclats minuscules. « Le sable, pense Donato, la poussière arrachée par le vent, la nuit à la terre rouge des champs, des clos. »

Mais aux vitres claquent, s'écrasent des perles sombres, gouttes larges qui s'évasent, s'étalent, étoilent l'ombre épaisse, aveugle. « La pluie ! » crie Béfana : un déluge verse du ciel colère, bouillonne sur la route perdue, sur l'auto qui s'arrête, suffoquée, gargouillante, noyée.

« Quand même, se dit Nunzio narquois sous son arbre, c'est pas de chance pour les amoureux ! Qu'est-ce qui va pas leur arriver, au bellâtre et à la jolie fille ? Hein ? Les pauvrets ! Mouiller, souiller de si tendres frimousses ! Va falloir qu'ils trouvent à s'abriter dans un cabanon, une *masseria* perdue, qu'ils dégotent un des rares bougres qui se terrent par ici, des rustres pas commodes, tout sauvages… Hé, hé ! Bon courage, les voyageurs ! » Et il se frotte, se racle le dos à la grosse écorce rêche, encore tiède, « la chaleur, il pense, la sève ou le sang d'un bon petit bout de bois qui en a vu d'autres et se fiche pas mal d'une rincée de puceau, d'une gouttelette de rien du tout, d'une finesse ».

La finesse, l'infime goutte de pluie renfle, bouillonne, cerne, presse l'auto immobile, on dirait une vague figée, arrêtée juste avant de rompre, écraser, enfoncer le capot, le pare-brise, les amoureux apeurés. Un coup de tonnerre, une explosion, un éclair secouent la tôle, la terre, et Donato s'égosille, crie à sa belle : « *Stronzo* ! Salaud de Nunzio ! Il nous a porté poisse ! Depuis

toujours, il me file le mauvais œil ! Une catastrophe, ce gars, pour moi, pour la famille... Plus
jamais, tu m'entends, plus jamais on le verra !
Et avec ça, il te lorgnait, te reluquait partout,
sirupeux, insistant ! À cause de lui, on a filé droit
devant et je ne sais même plus où on est... » Il fixe
quelque chose dehors, la nuit noire, l'eau qui tape,
clapote au toit, gronde. « Bon, il reprend toujours
rogue, mais commandeur, vrai chef, bon, Fana,
ma Béfana... Écoute-moi bien : tu entrevois ce
muret, là, à main gauche, de l'autre côté de la
route ? Tu l'as repéré ? Bon. On va sortir de notre
tombeau de ferraille, on va foncer vers le mur et,
dès qu'on le touche, surtout, on le lâche plus, tu
m'entends ? On le remonte, on le suit et on finira
par arriver chez quelqu'un. Parce que là où il y a
des murs, il y a de l'homme – maison, *masseria* ou
village ! »

Ils sont pris dans l'orage, maintenant, sa
poigne glacée, sa pince de métal froid. L'eau du
ciel a un goût de fer, une rouillure gelée, du sang
caillé dans la bouche. Un torrent leur roule ses
graviers ronds aux épaules, les cingle au visage,
frappe aux bras, au ventre, les tasse, cogne, jette
au mur bas, minuscule. Ils marchent courbés,
suffoqués, ballottent l'un derrière l'autre, une
main sur les pierres ruisselantes qui peu à peu se
relèvent, font de l'ouvrage, du grand, du solide,

182

un vrai mur, de la taille d'un homme. Sous ses doigts, Donato sent le grain irrégulier, fendillé du pierrage, l'empilement des lauzes, des dalles plates, et soudain, inattendue, une embrasure, une trouée, le vide : il y tend les mains à l'aveugle, en saccades, cherche à tâtons un chambranle, un vantail, heurte enfin du bois, une planche, des lattes fines, chevillées, espacées... La barrière d'un clos ! La promesse d'un asile ! Ils repoussent ensemble, à grand-peine, les boisages embourbés, gorgés d'eau, bien plus lourds qu'ils croyaient, ils avancent prudents, cahoteux sur des pavés disjoints, glissants : devant eux s'élèvent les trois marches d'un perron qui butent contre une porte close, étroite, méfiante.

Ils entendent aussitôt le cliquetis d'une serrure difficile, longue à clencher, une vieillerie sèche. Puis un marmonnage dans le vacarme, le tohu-bohu de la tempête, une voix rauque, essoufflée, un accent lourd, épais... « Vulgaire... » pense Donato qui, comme tous les gens de Bari, juge mal les égarés, les solitaires du Tavoliere, au nord des Pouilles. « Vulgaire, grossier, abruti », il se dit. Mais Béfana sait que non, que l'accent n'est pas vulgaire, pas plus qu'à Foggia, Cerignola ou Rocchetta, le village de sa grand-mère, que la grossièreté, les syllabes avalées, mangées sitôt qu'amorcées, on les entend plus haut, sur l'épaule des Apennins, avant le Volturno, la Campanie. Ça la rassure même, ces grognements, ces phrases sourdes, et le raclement des souliers – sonore, des gros clous crissant tout exprès pour s'annoncer, chasser les ombres, les diables… C'est lui qui a peur, se dit Béfana, lui qui tremble et rameute comme il peut des forces, des esprits, des protections contre le vent, le tonnerre, les étrangers qui cognent, heurtent dur à sa porte.

Dans le grondement de la tempête, ils croient saisir un mot, deux, trois syllabes grommelées, remâchées : « ricaner », ou peut-être « ricaneur », suivies d'un éclat de rire suraigu, aigrelet, aussi narquois et insolent que les gloussements moqueurs du cousin Nunzio une heure plus tôt, au grand carrefour. « Ricane, cane ! » répète l'hôte, juste derrière la porte qu'on entend alors grincer, vriller l'oreille, la tête, puis geindre bas, grave, râper les dalles du seuil.

« Oh là ! » fait l'homme par l'huis entrebâillé, d'une voix tout de suite plus aimable, « oh là ! Malheur de vous ! Faut voir à entrer, entrer vite… », une voix de grand-père, soudain, pas la moquerie nasillarde, perçante de tantôt. « Oh, voyageurs ! » il ajoute rassuré, « voyageurs pleins d'eau, tout trempés… », et il écarte encore la porte, recule, s'efface dans la pénombre, la grisaille, un corridor, un couloir profond faiblement éclairé.

Donato prend par la main Béfana et passe le seuil en premier.

« Qu'est-ce tu fais ici, toi ? demande l'homme, le vieil homme, une silhouette affaissée, brune, mâchurée d'ombre. T'es bien l'étranger, le gars de Bari, le *Barese* ? Çui qu'a pris une maison sur la route de Barletta ? La Furfane, hein, je crois ? C'est ça ? La petite maison plate, la bicoque avec un clos tout sec, des caillasses ? » Donato s'arrête, interdit, essaie de dévisager l'hôte, mais rien, juste une bouche noire, inconnue, qui s'ouvre grand, se fend, s'élargit et bougonne dans la nuit.

« Et avec cette belle, en plus ? reprend la bouche étirée, lèvres lourdes et tombées. Voleur de femmes, va ! Ça vient de Bari et ça nous vole nos femmes... Parce qu'elle est de par ici, elle, hein ? Le Tavoliere, les arbres, Cerignola... Une beauté pareille, tu l'as chipée pas loin, c'est sûr... Ça se voit, se devine, car elle a tout ce qu'il faut, elle, tout ce qu'on aime : blonde, gironde, dorée ! *"Bionda, dorata"* disait mon grand-père. Un taureau, lui, pas comme mon père. Moi, je tiens de l'aïeul, faut le savoir... Blonde et la peau dorée. Bien ronde, aussi, bien ferme aux doigts, au creux de la main... Pas un hareng saur, une sécheresse à cornards de Milan... Risque pas ! T'as bien choisi, voleur... Et le cheveu fin, hein ? Des fils d'or, précieux, brillants, tirés long, infini... Une princesse des Federigo, des empires, une des filles qu'ils nous ont amenées, blondes, avec de ces yeux comme ça, là, bleus, verts ! Ça aurait plu à mon grand-père, sûr ! Oui, elle lui aurait drôlement plu, à l'homme !

— Bien, très bien », s'entend répondre Donato sans qu'il sache pourquoi, peut-être parce qu'il a froid, grelotte devant l'hôte, le voit reculer encore, s'échapper vers une porte basse, voûtée, une pièce, salle vivement éclairée, lustre ou gros quinquet. « Bien, très bien. *Bene, benissimo* », il redit mécanique, empressé, les mots qu'il répétait à Foggia, Barletta, l'année de son installation par ici, les seuls mots utiles au nord des Pouilles, lui semblait-il, que les gens du crû, les ternes, les tristes, jetaient sans cesse aux autres en signe d'acquiescement, gage servile, soumission.

Il ne faudrait pas penser à eux, là, dans le corridor, maintenant que l'hôte a gagné la pièce aux lumières, que Béfana tremble derrière lui, figée par le froid, l'eau glacée de ses vêtements, mais Donato n'entend que ces voix lourdes et étouffées qui reprennent la formule, la bribe de phrase usée, écornée, la lui dictent, soufflent, on dirait... Comme à Foggia, via Capozzi, dans la chaleur, la poussière, quand Donato faisait le livreur, le porteur, le costaud fier-à-bras. Les autres, les grosses voix, ceux qui ne connaissaient

186

que ces mots-là, l'appelaient en souriant, en guignant ses bras maigres, son dos étroit : « portefaix, athlète, hercule… » Sur le contrat de travail était juste écrit : « manutentionnaire », un titre déprécié, plutôt bas, qui déplaisait à son père et même à Nardo, l'oncle rouge, Frère Égalité… Ses compères, les géants, les carcasses, descendaient tous des Abruzzes, avaient le cheveu de feu, la tête flammée, des boucles cuivrées, orangées, et la peau laiteuse, pâle, tavelée de rousseurs et d'aréoles roses qui inquiétaient, gênaient Donato, habitué à la blancheur grecque, à l'ivoire neuf, éclatant des gens de Bari, Tarente ou Lecce. « De pauvres types, il pensait d'eux, des vaincus rejetés dans les montagnes, les déserts par les Romains, les Grecs, les Pouillots. Des esclaves soumis, honteux de leur face de papier mâché, de leur teint blême, maladif, de leur tignasse trop voyante, flamboyante. Des colosses à biceps, à épaules de catcheurs, des Maciste qui auraient mérité la crainte, le respect, mais se vautraient, s'humiliaient devant le prochain, disaient oui à tout, avec un filet de voix douceâtre, un roucoulement répugnant, et ployaient, courbaient l'échine au moindre geste, au premier ordre, mettaient genou à terre, tête au billot, sous le couteau ! Des proies ! Des proies faciles et consentantes pour les sauvages, les barbares, les meurtriers rusés du

187

Tavoliere, de la plaine aux oliviers, leurs voisins cruels, violents, rapineurs ! »

À chaque fois qu'il trimballait un carton écrasant, empilait, déposait une caisse cloutée, un coffre à ferrures, blessures, un des géants du magasin, ou le patron lui-même, qui ne rechignait pas à la peine, aux corvées, lui lançait : «*Bene, benissimo,* Donato ! » Et à la Tavola Giulia, le midi, via Gumelli, quand la tablée éclusait un vin infâme, presque noir – lourd, obtus et fermé comme ceux qu'il abreuvait –, tout le monde disait en claquant de la langue et avec un sourire las, éteint : «*Bene, benissimo* », comme pour saluer un nectar, un jus noble de Piémont, Toscane...

Et Donato s'entend répéter malgré lui la formule maudite, dangereuse, bien apprise, ruminée, il la murmure, maugrée en passant la porte aux lumières, en entrant dans une pièce longue, encombrée de tables, de fauteuils, de lampes allumées, et chauffée tout au fond par un feu brasillant, des flammes neuves qui sautillent, lèvent, grimpent dans l'âtre énorme. L'hôte a reculé jusqu'à la cheminée, s'est adossé à un de ses montants et, la tête inclinée, regarde par en dessous les jeunes gens à la lumière jaune des lampes, cligne des yeux, fait la taupe, le myope, et puis se met à fixer dur, droit Béfana qui s'est rapprochée, nichée contre Donato. À peine si celui-ci dévisage le vieil homme voûté, sa figure fripée, plissée, il veut juste couper ce regard perçant, violent qui traîne sur Béfana.

« Sûr, se raconte Donato, que nôtre hôte, là, est un de ces vieux bougres, salauds des Pouilles, dont Nunzio, ce maudit Nunzio, nous a toujours dit qu'ils coinçaient les filles, les outrageaient, les tuaient, même ! Des solitaires, expliquait le cousin ! Des poignes. Un couteau planqué à portée de main ou un tisonnier ! Parfaitement : le cousin a dit que leur arme préférée était la pince à feu ou le tisonnier ! Voilà pourquoi il s'est calé contre sa cheminée ! Et Nunzio les connaît bien, les gens d'ici, Barletta, Cerignola : la moitié de sa famille insupportable, de sa parentèle hurlante, vient de la région. Des dangereux, des brutes qui ont le sang tourné, sont plus misogynes que le premier fils d'Adam et croient qu'une fille, une femme, mérite juste la force !

« Nunzio dans ses emportements contre les siens n'est pas délirant, excessif, oh non ! hélas… Il a besoin de ce tremblement, de cette fureur – une sainteté, dans ce cas –, pour oser river leur clou aux frères, sœurs, père, oncles, tantes, la cohorte des jugeurs, braillards, querelleurs, tous nés dans ces trous déserts de la plaine aux oliviers, sous ces millions d'arbres affreux, tordus, des nains de bois grimaciers qui feraient perdre le sens, l'esprit au plus sage, au plus doux. Une volière, une basse-cour, il m'a dit, les réunions de famille, les retrouvailles chez son père. Une tribu, un clan de brutes, goinfres, cannibales qui rêvent de tout flétrir, souiller, salir, et de saloper la beauté des gamines, des filles tendres, fines. Il le sait, lui, car il a la mémoire de leurs crimes, de leurs bizarreries cruelles.

« Une fois, se rappelle soudain Donato, l'autre semaine, à Foggia, au Fidori, il a raconté la disparition de trois jeunettes du même village, du même sang, et comment se défilait le présumé coupable, un vieux gâteux ridé, un cadavre sur pattes comme l'hôte à la cheminée, qui est resté muet, pas un mot, rien, pendant toute l'enquête, les audiences. Après onze mois il a été relâché, faute de preuves, d'indices, de bons petits signes joliment dessinés dans les papelardises du juge. Un drôle de gars, ce juge. Honnête, c'est sûr, et Tarentais, en plus, donc habitué aux simagrées des Méridionaux, énervé par leurs singeries, leurs momeries silencieuses, acharné avec leurs comédies ordinaires… Mais, justement, il était trop urbain, trop policé, cet homme : quatre ou cinq générations dans le Droit, la Robe, les finesses, ça rend incapable de saisir un silence, un regard, une hésitation de la main, ça ne permet pas de comprendre la race particulière des muets du Tavoliere, ça ne mène

190

à rien qu'à les relâcher, leur donner un permis de tuer, à vie, à jamais, parce qu'il n'y en a pas eu un de pris, d'écrabouillé, de ces salauds, pas un depuis cent ans !

« Les juges, les gosses de riches qui font juges, ils croient qu'une *omertà* classique, une loi du silence mafieuse – celle de Bari, Lecce, Gallipoli –, tient les campagnards, les rustres, les bougres de par ici, qu'ils ont peur des représailles, d'une balle dans le dos, comme à Naples ou Palerme. Alors que les tueurs, les égorgeurs des Pouilles vivent en solitaires, sans autre compagnie que leurs arbres à moignons morts, oubliés et perdus dans un silence de teigne, de brute qui ne veut même pas parler à son voisin, se méfie du monde, n'aime que soi. Ni clan, ni société secrète dans le Tavoliere, mais des bougres à l'isolement, des sauvages à la face close, sévère, des têtes muettes qui n'entrouvrent jamais le bec, se coudraient la bouche, s'ils pouvaient, et la langue avec, qu'ils se trancheraient, même, par crainte qu'un mot, un seul mot du tréfonds, du dedans, ne finisse par fuser, s'échapper, les trahir.

« C'est une autre espèce que la famille de Nunzio, ceux-là, les étripeurs muets : en vivant à l'écart, au rebut, ils se sont laissé bourreler, tarauder de mots intimes, secrets, criminels et jaloux, un délire intérieur, un fleuve enfoui, sale et souillé, une montée de phrases torves, visions tristes, une fange qui les étouffe, les suffoque, leur noie le crâne, l'emplit à ras, le sature, une crue intarissable qu'ils ravalent comme ils peuvent, renfournent, refoulent en tremblant, s'épuisant, dodelinant.

« Tout comme le vieux bougre, se dit encore Donato, le bonhomme silencieux, adossé à sa cheminée, à deux pas des flammes jaunes, qui a juste gardé le souvenir de quelques mots civils, vaguement polis, lancés pour appâter la proie, l'innocence, nous autres les imbéciles, et qui hoche le crâne, sa caboche blanche, branle le chef, frémit, des secousses, une trépidation d'avant la crise, le cri, le coup de tisonnier qu'il va nous flanquer ! »

Donato inquiet se tourne vers Béfana : mais la belle regarde sans ciller le vieil homme et il semble même à Donato qu'elle sourit, fait la douce... Alors qu'elle devrait savoir, elle, qu'il y a danger ! Et reconnaître les signes, oui ! Les signes de la démence ! Les symptômes complaisamment décrits, brodés par Nunzio pendant des heures, des soirées entières, les observations froides, cliniques qu'il avait accumulées dix ans plus tôt quand il faisait l'infirmier – « le ligoteur », disait-il – chez les fous des Pouilles, à Ruvo, à Turi et dans d'autres bourgs. « Des petits vieux ! Ils ont tous l'air de petits vieux, même les trentenaires, répétait le cousin. Le poil blanc, le cheveu rare, le dos voûté, rompu, mais une force de bouc, de

jouvenceau dans les bras, les poignes ! » Et il avait
encore eu raison, le maudit Nunzio : l'hôte ne
s'est sûrement pas rasé d'une semaine, d'un mois,
et sa barbe courte, grise et clairsemée, frisotte en
touffes sales, mèches collées, comme aux visages
des centenaires, des grabataires, ce qu'il n'est pas.

Et la lippe ! Il a la lèvre d'en bas qui bâille, est
tombée, pendouille plissée, s'est épaissie de ratiocinages ! Une lippe molle et rosâtre qui de temps en
temps remonte, lui mange la lèvre supérieure, la
suçote ! Et la mâchoire d'en bas tirée vers le restant
du monde comme un tiroir entrouvert qu'on ne
peut plus fermer, repousser, où gigotent des dents
jaunes, solitaires, déchaussées, des vestiges, des
ruines. Elle avance, remue, gargouille, cette lippe
d'en bas, tremblante, bouillonnante et baveuse
comme la gueule, la langue d'un gros animal
essoufflé.

Comment le dire à Béfana, lui faire comprendre
que l'hôte est un fou ? Elle devrait se souvenir, la
sotte ! Se rappeler les symptômes, les indices, et
puis les têtes, trognes décrites par le cousin ! Mais
les beautés flattées, désirées font toujours les sottes,
les niaises, roucoulent, se pavanent et s'exposent
au danger, au crime ! Pourtant, elle a regardé avec
Donato l'album des photos prises par Nunzio
quand il faisait le ligoteur, l'infirmier : des pages
et des pages de têtes de fous, de folles des Pouilles,

Calabre, Basilicate, les vrais pays de Cocagne du délire et de la démence. Presque tous les malades photographiés s'étaient fait, passé quarante ans, la lippe ballante, le menton prognathe, en avancée, balconnet à gargouillis et chicots.

La voilà qui lui parle, maintenant ! Une phrase longue, rieuse, douce et blonde, une phrase que n'arrive pas à saisir Donato, une langue incompréhensible, à mystères, à secrets ! Mais l'autre ne dit mot, ne bronche pas, continue de remuer le bec, secouer la mâchoire, se tordre la figure, la sainte figure, le peu de beauté qu'il a reçue comme tous à la naissance, un voile léger, transparent, posé par des doigts si fins, fugaces, qu'on les devine trop tard, quand ils sont envolés, un voile délicat qu'il fripe, froisse, déchire. Encore quelques années de cette sale manducation, de ce branle insane de la mâchoire, et il finira avec la proue d'os et de peau jaune, parcheminée, les rostres du bec fou, du menton à secousses, trembleries qu'on voit aux visages de tant de vieux dans les bourgs, les villages. Des hommes surtout, mais aussi de plus en plus de femmes, de dames, maintenant qu'elles avancent seules dans l'âge, oubliées, abandonnées.

« L'hôte, se dit Donato, c'est un asilaire, un interné. Un ancien, un endurci, un de ceux que la loi 180 a soi-disant libérés il y a trente ans, en vérité relâchés, livrés à eux-mêmes et au monde pour qu'ils se consument tout seuls chez eux sans rien coûter au pays, à l'État, au prochain. La preuve : seule sa porte s'est ouverte sous l'orage, quand les autres, dans le voisinage, avaient trop peur du ciel colère, des visiteurs hagards, glacés, et n'ont pas bougé, rien fait en nous entendant courir, perdus sous la pluie, le déluge. Tandis que lui guettait, espérait, posait en grommelant ses collets, ses lacets de fil de fer, s'exaltait, s'irritait au tonnerre, aux bourrasques, aux éclairs.

« Béfana ne revoit donc pas le bizarre de notre arrivée, le sésame de son pas fin et délicat sur la route ? La maison soudain accueillante, comme si le bonhomme épiait, attendait ? Et ce squelette à la peau jaunie, la carcasse vidée du vieux bougre ? "Des sacs d'os qui craquent, disait Nunzio, comme aux morts, aux cadavres qu'on traîne, qu'on déplie. Ils sont tout réduits, décharnés, racornis par vingt ans de chimie rongeuse, de délire aigre, acide, diminués, desséchés, de vraies momies que maintient en vie, en force, le feu d'Éros, une flamme rouge, têtue, goulue. Face à la proie, tu les vois brûler, renfler, se tordre, s'agiter, l'œil noir, étincelant, des éclats, des morsures !" »

Et elle qui ne saisit rien, le flatte de la voix, d'une œillade, courotte devant lui, se penche au

195

feu, s'accroupit, s'arrondit, se retourne, et lui rit ! Donato a beau faire la mine, une tête à reproches, elle se relève, tournoie, frôle insouciante le vieil hôte nez baissé, soudain timide, presque emprunté... En babillant, elle ouvre au mur un placard, s'esclaffe, glisse ses mains fines derrière la vaisselle empilée, déplace de gros verres à bord épais, godets d'ivrogne ou d'assoiffé, et dans un tintement clair, elle déniche un lourd ballon de *grappa*, un bouteillon difforme qu'elle extrait avec peine, un obus de deux litres, sans étiquette, une contrebande qu'elle ouvre aussitôt, et qui embaume dans la pièce tiède, fleure l'orage, le sang caillé, la rousseur.

Sans rien demander à l'hôte, en chantonnant des mots fluides, une langue qu'il semble seul entendre, elle sert à ras deux verres courts, étroits qu'elle présente, impose au vieil homme surpris, puis à Donato renfrogné, farouche. « Allez, bois donc, lui lance-t-elle ! Ça chassera la pluie froide et te sauvera ! » Elle roucoule, trépigne, aux anges, une fillette à malice, à caprice. Les tresses blondes de ses cheveux trempés lui sèchent aux épaules, des boucles s'en échappent, s'enroulent à la chaleur, le vieux les guigne, ouvre le bec, grogne de joie et d'un coup verse, jette dans l'auge de sa bouche édentée un autre verre de *grappa* blanche, la brûlure, le feu froid. D'un coup, d'un seul, il a fait ça, en violent, rustre, et il empoigne encore le flacon lourd, fait couler une rasade, l'avale, recommence.

Donato, de rage, écluse son godet à lampées brèves, élégantes – dignes, il espère –, du très bon, du parfait qui râpe, pique le haut de la gorge, mais oint bientôt le ventre d'une caresse lisse, ondulée – le brasier rouge, crépitant de la cheminée, puis un feu endormeur, au souffle régulier.

Béfana, tout en agitant ses cheveux et les pans lourds de sa robe mouillée, se met à parler long, détailler. Et soudain il semble à Donato qu'il comprend, qu'elle a enfin retrouvé leur langue : elle dit que sa grand-mère habitait Rocchetta, en montagne, là-bas, vers l'ouest, une altitude ; qu'elle avait eu trois hommes, des bien beaux mais fugaces : çui qu'on appelait le Russe parce qu'il était mort à Tambov, pendant la retraite, en 1943 ; çui qui s'était baptisé Amerigo, l'Américain, et avait traversé un jour en secret l'Atlantique, changé de monde, de vie, disparu ; et le dernier, le bon, le brave, qui était resté en ses terres, qu'elle avait gardé, choyé jusqu'au bout.

Il opine, l'hôte, le ravi. Il a l'œil aux étincelles, la lèvre qui renfle rouge, luisante d'alcool, bienheureuse, engourdie : la montagne, tu parles s'il voit, s'il connaît ! Il lève les yeux au ciel, il regarde les cimes mornes, les pierriers, les ancêtres minuscules, rapetissés, qui se terrent dans les combes, les trous.

Mais Béfana a l'air sérieux, une ride droite au front plissé : Rocchetta ! Il faut expliquer Rocchetta ! Un fortin de la démence, là-haut. Parfaitement. Un ancien bastion espagnol, cerclé d'un large fossé, une douve mangée d'herbes jaunes, de ronciers, mais profonde de quinze ou vingt pieds. Une terreur pour les malades, les enfermés, disait Nunzio, cette fosse, ce gouffre où l'on peut tomber, s'étouffer d'herbes mortes, d'épines cloutées – des pointes perçantes, qui te crèvent l'œil, l'éclatent, bulle molle, goutte à glu.

Il y avait, raconte encore Béfana, une telle panique chez les hôtes du château, les simples, les agités, qu'une fois serrés entre les murs droits et noirs, raides et pincés du fortin, ils n'osaient plus jamais sortir – pas même le dimanche, quand les cloches des trois églises tintinnabulent la messe, appellent aigrelettes, geignent, puis s'éteignent rancies, amorties. L'office, le prêtre en aube, les chants clairs qui pourtant les charmaient, n'arrivaient pas à les pousser sur le pont-levis étriqué, puis au chemin tors et pavé qui descend presque à pic, tombe en plein bourg, au pied du palais Orsoni.

Le dimanche matin, vers dix heures, ils se mettaient à hurler : les bras en croix, la face branlante, l'œil qui vire, fixe la terre ou le bout des croquenots, ils braillaient, pleuraient, lamentaient. Puis les cloches se taisaient, en bas, sur les places, dans les trois églises bondées de femmes, d'enfants, de pères muets. Les occupants du bastion – les « Espagnols », comme on dit à Rocchetta – faisaient silence d'un coup, le silence effaré des pauvres d'esprit : ils marmonnaient, soufflaient des fragments d'Évangile, des bribes, ou le Notre Père – intègre, çui-ci, mais désaccordé, chacun le remuant pour soi seul, et c'était vraiment la parole qui lavait la misère, chassait la nuit. Tous bredouillaient, murmuraient inaudibles leurs patenôtres, et ils tenaient une heure ainsi, debout, oscillant, les bras ouverts, écartés, bonshommes de bois.

Le clocher de Santa Reparata, où le curé était une jeunesse, un va-vite, un nez maigre à lunettes lettrées, le clocher gris sonnait la fin de l'office. Aussitôt le troupeau du fortin poussait un cri énorme, guttural, grave, les femmes s'essayant à suivre les hommes dans les notes basses. Pourtant ceux-ci avaient bien du mal à faire tomber, descendre leur voix, écorner les voyelles pointues, parce que la chimie, les cachets nauséeux, et l'angoisse de soi, la terreur, deux acides brutaux, tenaces, flûtent les mots, les phrases, étranglent, châtrent la voix, et que, devenus vieux, les simples,

les pauvres, les ravis parlent aigu, fausset – des chapons, des gorets.

Béfana rappelle les jours sans école, sans maître ni leçon, les dimanches, vacances chez sa grand-mère, piazzetta Falconieri. La messe finie, elle se ruait hors de l'église, dans le tintement des cloches, les volées piaillantes d'hirondelles, et elle guettait effrayée l'écho strident, le cri long des fous, la pointe aiguë de leur chœur qui allait percer les derniers coups sourds des battants de bronze, enfler sur la place, se faufiler aux rues étroites et s'éteindre à l'orée des jardins touffus, des clos d'arbres, au départ de la route droite et nue qui mène tristement à Foggia.

L'hôte est tout ému, troublé de ce qu'elle dit : la messe, la sonnerie de fer, de tôle, les cris, le tumulte. Elle poursuit, hésitante, voix coupée : « Grand-mère s'inquiétait... me rappelait... me courait après... oui, c'est ça, jusqu'en bas... devant le pâtissier... Pedroni, l'énorme Pedroni... Peut-être que tu vois, hein ? Que tu vois la vitrine, les cornets à la crème ? Et l'homme en tablier blanc, le grand enfariné qui ne lâchait pas un mot ? Peut-être que tu te souviens, même ? »

Et lui, aux anges, les lèvres entrouvertes, esquisse un sourire, amorce un mot, se reprend, fait silence, baisse le nez. Béfana s'approche en deux pas de lui qui doit sentir soudain le souffle de ses lèvres sur les siennes et la regarde long, profond, l'œil voilé, une tristesse, une peur de vieillard, de centenaire oublié à l'hospice, qui reconnaîtrait enfin une visite, sa petite-fille, sa nièce.

D'un coup, il éclate en sanglots. « Mais comment... – il murmure – comment toi, tu as pu... – il s'étouffe, toussote – tu as pu deviner, savoir que j'y étais, à Rocchetta, aux Espagnols ? Tu m'avais vu là-bas ? Ou je t'avais fait peur ? C'est ça : je t'avais marquée, horrible, la panique. »

Non, non, elle explique. Aucun de vous ne sortait jamais. On vous voyait juste dans le car quand vous descendiez à la gare, pour les vacances. La marmaille, la kyrielle, on vous suivait en hurlant, trépignant, et vous nous regardiez de la hauteur des sièges par la vitre coulissée, des grimaces, des sourires affreux... Les autres enfants tremblaient, se glaçaient, mais pas elle qui courotait longtemps derrière l'autocar, jusqu'au croisement avec la route droite, infinie pour Foggia.

« Sûrement, tu sais, elle ajoute de sa voix douce, sûrement qu'on s'est vus comme ça, à la sauvette, parce que tantôt, quand tu nous as recueillis, ouvert ta porte, j'étais heureuse tu ne peux pas savoir. Comme si je te retrouvais après des années, ou retournais au pays, dans les bras de la *nonna*, la grand-mère.

« Depuis sa mort, je n'ai pas remis les pieds à Rocchetta. Je préfère. Elle est là-bas qui m'attend sous les cyprès, demain, bientôt. Mais souvent je rencontre des gens de chez elle, tu sais, du vieux bourg en pente, des trois églises. Et on se reconnaît à tous les coups, on ne manque jamais de se reconnaître ! Un mystère ! Un signe !

« Mais lui, elle dit en montrant Donato, tu lui fiches la frousse ! Tu as vu sa tête, ses yeux, depuis une demi-heure ? »

Elle éclate de rire, dévisage Donato d'un œil à reproches, méprisant, hautain, et, par défi, elle prend soudain la main tremblante de l'hôte, la serre, la broie comme elle ferait de celle du père, du grand-père, et la porte, la presse contre sa poitrine.

Donato se lève aussi sec, raide et blême, une fureur de composition, un jeu qu'il se voit faire dans le trouble de l'alcool, le souvenir de Nunzio, la hantise des rustres des Abruzzes, le feu qui le tient pour le bouteillon, sa belle... Il va pour lui dire une horreur, une blesserie, qu'elle rabatte enfin son orgueil, cesse de danser avec le dernier venu, un vieux bouc, que tous deux, Donato et Béfana, quittent sur-le-champ ce bouge tiède, retrouvent le froid, la pluie de la route, la fuite dans la nuit.

Mais le bouc, le *Becco*, tire à lui la belle main blanche de Béfana et, sanglotant, la porte à ses lèvres tremblées, se courbe puis la baise bruyant, la couvre de larmes, marmonnant : « Petite, bonne petite ! Que tu es bonne, douce... Petite, une sainte, une fée... »

Il lève alors les yeux vers Donato qui reste debout immobile, le cheveu dressé, le verbe coupé, et il lui lance, de sa voix du début, à l'ouverture grinçante de la porte : « Pas peur, petit, n'aie pas peur ! On est bien, ensemble... Rassieds-toi, je t'en prie... Voilà, comme ça, voilà... » Il se tourne vers la belle : « L'est pas si mauvais, tu vois, ton garçon, qu'il s'est rassis bien sage... Mais vous n'allez pas quitter tout de suite, hein ? Ça se fait pas. Demain si vous voulez, mais pas ce soir, hein ? pas ce soir... Parce que je vous fais la soupe, la *ribollita* ! Et je vous donne le lit du frère, à côté, là, que personne y a dormi ces dix ans. »

Il s'est redressé, s'active. Béfana le suit, docile, pousse des oui joyeux. « Demain, elle dit, demain, petit homme, petit père, on quittera. Mais là, on reste ! et lui, tu sais, elle montre Donato, lui, faut pas lui en vouloir : il est né à Bari, dans un beau quartier tout neuf. Il n'a pas l'habitude des châteaux qui crient, des fortins, des oubliettes. Il ne connaît que la belle Italie, celle des livres anglais, des magazines, des papelardises. Dans la résidence de son père, riche et riche, tu te croirais chez les Milanais, les Suisses : pas une querelle, pas une assiette brisée. Tout est amolli, étouffé, tu vis dans le coton, l'étoupe, le silence. »

Et elle se jette au cou de l'hôte, le serre de ses bras tendres, le fait tourner d'un pas, sourit.

CHAPITRE 12

La mamma *de Beppé*

« *Mamma, mamma* ! crie Giuseppe sur le seuil de l'antre maternel, dans le couloir sombre et lambrissé de l'appartement de la via d'Azeglio. *Mamma* ! » Et sa voix lui échappe, monte suraiguë comme autrefois, un petit cri geignard de gros garçon, de garçonnet coupé, tranché...

« Oui, mon grand, roucoule, ronronne la voix sirupeuse et grasse, coulante, amollie, de la mère. Qu'est-ce que tu veux ?

– *Mamma*, demain, tu pourrais me garder Pescara ? » Le fils a réussi à demander ça joyeusement, d'un ton léger, détaché. « Presque narquois, il s'est reproché aussitôt, est-ce que j'ai été narquois ? »

« Te garder Pescara ? fait la mère lentement, gravement. Lui ? Ce lourd ? Cet encombreur ?

205

— Voui, voui, *mamma*.

— Oui, Beppé, oui », elle reprend après une hésitation, comme excédée, énervée, pour bien souligner que, du fils, elle accepte tout, le sacrifice infini, quotidien, le don suprême. « Sûr. Sûr que je veux bien. Il n'est pas trop gênant, en fin de compte. Il est même assez facile, au fond, ton Pescara. Brave, d'une certaine manière. Oui, c'est ça : brave.

— Bien. C'est bien, *mamma*… En vérité, on peut dire qu'il n'est pas gênant du tout, Pescara.

— La dernière fois, tout de même…

— *Mamma*, je t'en prie ! Si tu ne me le gardes pas, qu'est-ce que je vais faire, moi ? Je ne pourrai pas aller voir qui tu sais…

— Hé ? La *Dottoressa* ? C'est pour celle-là que tu me refiles encore Pescara ?

— Mais oui, *mamma* : tu le sais bien.

— Et Teresa, la Teresa de chez toi, qu'est-ce que tu vas lui raconter ? Pour ta sortie, je veux dire. Et pour expliquer que tu me repasses Pescara ?

— Teresa ? Mais quoi, Teresa, *mamma* ? Ce n'est pas parce qu'elle occupe ma cuisine, mon salon, que j'aurais à lui dire que je me rends chez la *Dottoressa* ! Ou chez le pape, ou chez toi ! Quand je pars à Bénévent, qu'est-ce qu'elle fait, Teresa ? Hein, *mamma* ? Elle profite ! Ça, je peux te l'assurer ! L'appartement rien que

206

pour elle toute la semaine ! Elle dort au salon, en plus, sur le canapé qui est devenu *son* canapé, tu entends ? Le sien. D'accord, quand je suis là, elle fait pareil. Mais en mon absence, tu imagines ce qu'elle profite ! Car elle a vite fait de ménager, tu sais. Une heure par-ci, une heure par-là, et basta ! C'est juste pour ça que je la loge, la paye, tout de même : le ménage ! Et après elle farniente, se prélasse. Toute la journée, tu entends ? Alors je n'ai vraiment pas à lui dire où je vais !

— Sûr, mon grand, sûr... N'empêche, à chaque fois que tu sors, elle a de l'angoisse, ta Teresa. C'est un peu une simplette, ta ménagère, ou une bravette. Et moi, il faut que je pense pour deux, mon grand, pour toi et pour elle ! Il faut que j'imagine ce que tu vas lui dire et comment elle va réagir : tu vois la difficulté, n'est-ce pas ?

« Et puis autre chose : suppose qu'elle vienne chez moi à l'improviste, Teresa ? Qu'elle passe demain soir comme par hasard et me demande où tu es... Parce qu'elle s'intéresse à mon fils, elle aussi, elle est comme les autres, hein, sur ce point. Qu'est-ce que je lui raconte, dans ce cas ?

— Elle ne vient plus, *mamma*, elle ne vient jamais plus te voir : tu l'as vexée, blessée, je ne sais plus... Mais au cas, au cas que, tu ne lui dis rien, rien du tout ! Ou sinon, qu'on m'a appelé à la Strega de Bénévent, une réunion, une urgence...

— Mais au fait, elle ne pouvait pas garder Pescara ?

— Quoi ? Tu ne veux plus de lui maintenant ? *Mamma* ! Tu changes tout le temps !

— Mais si ! Qu'est-ce que tu racontes ? Sûr que je veux de lui, mon grand ! Ta mère, tu le sais bien, n'a qu'une parole ! Un peu que je le veux, ton Pescara !

— Bon. C'est tant mieux. Mais alors… alors, tu dis ça pour savoir ce qu'elle fait de sa soirée, Teresa… Hein ? Avoue !

« Eh bien, c'est simple : té-lé-vi-sion ! Comme d'habitude ! Au canapé pour la *RAI Uno*. Une série policière : *L'Inspecteur Montalbano*, ce feuilleton à flics lettrés, victimes pathétiques, acteurs fatigués, vieux croûtons, sentiments goulinants… Elle supporte pas que Pescara regarde avec elle. "Un œil glauque, étrange", qu'il poserait sur ces pitiés, ces misères… Sûr qu'elle prend des libertés avec moi, Teresa, mais le jour de son feuilleton, je lui ai promis de m'occuper de Pescara, et là, ça tombe mal puisque je vais voir qui tu sais…

— Bon, bon : je lui dirai ça…

— Quoi ? Sur sa série télé ?

— Non ! Que tu es à la Strega, que le chef Pollastro, le violent de Potenza, t'a convoqué.

— N'en rajoute pas trop, *mamma*. Surtout à propos de Pollastro, ce salopiot de DRH, qui me fouine, me traque… Et puis il ne faut jamais donner de détails, *mamma*. C'est difficile, on se recoupe ! Juste une information vague, c'est le secret de la liberté !

– D'accord, mon petit, d'accord, je m'y tiendrai. Et si Teresa passe, j'en profiterai pour lui demander après le vase qu'elle ne m'a toujours pas rendu.

– *Mamma* ! Elle ne passera pas ! Elle ne passera plus !

– Et Pescara ne va pas lui manquer, tout de même ? La dernière fois, elle s'est inquiétée de sa mauvaise mine, elle t'a dit qu'elle voulait me questionner…

– La dernière fois, *mamma*, Pescara était tout terne, grisâtre, vraiment pas beau, rien qui allait. Ce coup-ci, il sera brillant, un diamant, des étincelles ! Tu vas voir comme ça lui a réussi, le bon air, la petite pluie qu'il a prise…

– L'air ? La pluie ?

– Sur le balcon ! Il était sur le balcon pendant l'orage, l'autre jour. Il a pris la rincée.

– Mais la dernière fois, le jour où il a été un peu encombreur, c'est à cause de son épée : le fourreau qui est dessus, qui entoure la lame, il glissait sans arrêt…

– C'est pas une épée, *mamma*, juste une dague. Rien à voir. L'épée, il y a longtemps que…

— Enfin, Beppé, c'est pareil ! Tu ne vas pas chipoter pour un mot ! À chaque fois le fourreau tombait.

— À chaque fois que quoi ? *Mamma*, qu'est-ce que tu fais à Pescara pour que ce fourreau glisse, tombe par terre ?

— Que veux-tu que je lui fasse ? Que veux-tu qu'on fasse de bizarre, de pas bien, à un duc ? Au duc de Pescara, en plus ? Hé ? Moi, au moins, je sais comment m'y prendre avec un duc !

— Oh, ça va ! Je m'y entends très bien aussi, moi !

— Que tu dis, Beppé, que tu dis... En vérité tu le négliges : son chapeau, tu te rappelles son chapeau, une autre fois que tu me l'avais laissé, hein ? Tu le revois avec ses belles petites plumes authentiques qui l'ornaient tout sur le dessus ? Du perdreau, du lapin...

— *Mamma* ! Les lapins n'ont pas de plumes !

— Qu'est-ce que tu vas encore chipoter ? C'est pareil ! Un chapeau de duc, marquis, avec des plumes, quoi ! Des plumes félines, taquines, style Gaston le Français, là, çui que tu dis tout le temps, Gaston Le Foie, Des Foies, ou l'autre, Can Grande, le Milanais, tu vois, quand même ?

— Oui, *mamma*, oui, je vois : Gaston de Foix, Can Grande, c'est moi qui te les raconte. Leurs cimiers étaient ornés, entre autres, de fines plumes de faisan.

— Faisan, faiselle, je ne sais pas. Mâle ou femelle, peu importe : son chapeau, à Pescara, l'autre fois, il tombait ! Tu avais négligé l'attache, la grosse épinglette, et tout se débinait de travers. Comment veux-tu, après, qu'on le respecte, ton duc ? Qu'on soit comme il faut devant lui ? Un sire, un titre, tout de même ! Et rappelle-toi encore : le jour où on a dîné avec ton ami, là, çui de Bénévent… Comment c'est, son nom, déjà ?

— Gorio ? Gorio Prete ?

— Oui, Gorio Prête, Gorio Prêtre ! Il avait amené… voyons… il était avec qui, avec lequel ce soir-là ?

— Aucun souvenir, *mamma*.

— Mais si ! Un nouveau, un grand tout propre qui était là impeccable ! Çui qu'on a tant admiré.

— C'était justement Can Grande, *mamma*. Can Grande della Scala.

— Oui ! Avec l'armure, et tout, et tout, le machin, le gorgeon d'argent…

— Le gorgerin, *mamma*. En fer, pas en argent : en argent, au premier coup, ça rompt, ça plie.

— Oui, oui, tu as raison… Mais Can Grande, lui, il tenait drôlement bien à table. Raide, fier. En un mot : ducal ou marquisal !

— Je ne sais pas s'il était duc, *mamma*. Mais Pescara – un marquis, un vrai de vrai, lui –, s'il n'a pas de chapeau claque, de plume d'autruche, s'il penche, vire, se casse la bobinette, ça n'a aucune importance, ça n'est vraiment pas grave !

— Comment ça, mon fils, « pas grave » ? Quarante ans que tu l'as en tutelle, que tu t'occupes de lui, et voilà…

— Et voilà qu'il est beau comme tout, *mamma* ! Magnifique ! Je te dis qu'il fait même des étincelles en ce moment.

— Quarante ans que je te l'ai offert ! Tu te rends compte ? C'était pour ton petit anniversaire, tes dix ans ! Avec papa j'ai fait le cadeau ! Ton pauvre papa ! S'il était encore là, tu verrais ce qu'il te dirait, papa, pour le fourreau, le chapeau en plumaille de faiselle…

— Suffit, maintenant, *mamma* ! Je te l'apporte et tu me le gardes, un point c'est tout ! Il est peut-être encombrant, mais il ne fait pas de bruit, lui, ni d'esclandre ! Et s'il guingue un peu, ça te fera des occupations, des petits soucis pour ta soirée ! Hein, *mamma* ? Tu lui feras pincette aux joues, aux fesses, et tu lui murmureras, bien sucrée : "Au pont du Garigliano, petit chevalier du Terrail et de Pescara, délicieux petit marquis, ton chapeau devait bien être de traviole, non ? Bousculé, secoué par les coups de l'ennemi ?"

— Toujours, les choses sacrées, tu les prends à plaisanterie. Alors que c'est papa qui l'a choisi, ton Pescara : "Puisque l'Italie était plus un pays,

il disait, ton père, puisqu'on était un camp américain, leur caserne, autant se trouver un héros
français, un Français qui s'était fait à moitié
Italien, le marquis Bayard, Bayard de Pescara !"
Il avait sacrément raison, ton père, de dire qu'on
serait plus jamais rien, maintenant, plus rien
qu'un zoo à estrangers, à Anglais, le tintouin !
Aussi, Pescara, je peux te dire qu'il l'a choisi avec
soin ! Un souci que personne peut imaginer ! Le
plus beau des sujets, c'était ! Chez Bédrini, tu
te rappelles ? Dans sa vitrine précieuse... Une
merveille, vraiment. Trois ans de travail, il a
prétendu, ce paresseux de Bédrini, qui se plaignait
sans cesse qu'il trimait, trimait comme pas un !
Un nègre, un forçat, à l'entendre ! En réalité, ton
père m'a souvent dit qu'il foutait rien : c'étaient les
débuts du *locale*, du bar Fidori. Pandone était tout
mignon alors. Et au comptoir, qui tu voyais, matin
et soir ? Bédrini, Giovane Bédrini ! Ah, pour
causer de ses "sujets", figurines, angelots, de la
fabrique des bras, des mollets, du petit ventre, de
la reproduction des blessures, des couturages reçus
en bataille, à l'épée, il était fort, l'artisan ! Mais ça
mettait des mois, des mois infinis à venir... Enfin,
ce coup-ci, dans la vitrine, trois ans ou pas trois
ans, c'était de la belle ouvrage.

— Bon, *mamma* : je dois y aller, maintenant...
Pour demain, j'apporte Pescara vers quelle
heure...

— Mais tu ne restes pas dîner avec moi ? Tu vas où, ce soir ?

— Voir un copain. Au Fidori, justement.

— Au Fidori, le mercredi soir ? Et depuis quand Pandone ouvre le mercredi soir ?

— *Mamma* ! On se retrouve devant le bar et après on remonte la rue Foscolo ou on descend au *Corso*... Qu'est-ce que ça peut faire ?

— Ça fait que j'aurais aussi pu garder Pescara ce soir, tiens ! Égoïste ! Ta Teresa, ménageuse, balayeuse, hein ? tu sais ce qu'elle va lui faire, à ton ducaillon, marquiset ? Le foutre à poil et y rajouter des cicatrices, des coups de couteau ! Des couturages, l'en aura à gogo, le héros ! Elle en est capable, ta Teresa moustachue. Elle n'aime pas assez ce qui reste d'Italie pour avoir un culte, un respect comme ça, le beau Pescara, le chef-d'œuvre... Elle est capable du pire.

— Et oui, *mamma*. Mais là, il faut que je file : je suis sur la brèche, le vrai retard, la course...

— Eh bien pars ! Avec ta mère, ce qui t'intéresse, c'est le service qu'elle peut rendre, la domestique. Rien d'autre !

— *Mamma* ! Je te fais un cadeau, un petit plaisir, en te le confiant. Tu adores le bichonner, le frotter partout. Tu en es folle ! Reconnais-le, au moins une fois...

— Tu parles ! Çui qui s'en tire bien, comme d'habitude, c'est mon fils... Bon : va pour ce soir,

214

et pour demain, et tous les jours, va... Mais je te le garantis : cette fois, je ne te rendrai Pescara qu'en échange d'une promesse, tu entends ? d'une promesse absolue ! Une promesse, un contrat consignés par écrit. À l'encre, nous deux. Oui, parfaitement !

— Un contrat ? Encore un ?

— Oui ! Et dedans, il y aura que tu t'engages à me confier Pescara un vendredi soir sur deux, et plein de samedis, et tous les jours où il serait abandonné. Et que tu le soustrais aux mauvais traitements de l'autre, la moustachue.

— Promis, *mamma*, on fait ça demain : j'apporte Pescara et on signe.

— Non, mon petit : on écrit maintenant.

— Pas le temps, *mamma*.

— T'es drôlement pressé, hein ?

— Je viens de t'expliquer.

— Elle aurait pas de la poitrine et un prénom en *a*, la personne que tu retrouves quelque part ?

— Hé, hé ! Fine, *mamma*, toujours aussi fine !

— Elle promènerait pas du côté du parc Matteo, où elles sont toutes, maintenant ?

— Ah, *mamma*, petite *mamma*, on peut rien te cacher !

— Folles, elles sont toutes folles de lui ! Je le dis assez à mes amies : c'est un conquérant, Giuseppe.

– Un baiser, *mamma*… Un petit, dans le cou ! S'il te plaît !

– L'imbécile !

– Un, *mamma* ! Rien qu'un ! Ou un pinçou, pinçouillis, au moins…

– Allez, c'est bon… Et file, maintenant, que tu te retardes. Et profite. Profite à fond, mon fils. Que sinon, c'est elles qui sauront profiter de toi ! »

CHAPITRE 13

Le petit chapeau vert
qui allait si bien à Croce

« Hé ? *Professore* Pescasseroli ? fait, tout
ébahi, Adeato Pinzolo. Vous avez encore le beau
chapeau ? Le petit chapeau rond ? Mais faudrait
voir, alors, à vous réchauffer autrement qu'en le
tournicotant entre vos doigts... Ça se fait pas.
Surtout pour un ancien *Professore* de la *Scuola
Superiore* de Foggia... Non, vraiment, c'est pas
digne, même si ça réchauffe, pas digne de tourner
le feutrage sous les doigts, pas civil, pas du tout.

« Et puis, votre chapeau – je pèse mes mots
pour pas vous fâcher –, votre couvre-chef tout
arrondi, tout petit, usé, râpé, il est... risible,
ridicule.

– Risible ? Pinzolo ! Qu'il fasse froid ou chaud,
que j'aie les doigts brûlants ou gelés, tu parles

toujours de travers. Des mots troués comme tes tickets poinçonnés.

« Tss ! Risible, ce chapeau fin ? Ce feutre de grande qualité ? Qui n'est pas une lustrine à la noix, une chiffe quelconque, non, comme pourrait croire je ne sais quel ignorant, mal élevé et sans élégance ! Tss ! Quelle bêtise tu as encore dite, Pinzolo ! Tu n'as pas changé depuis tes quinze ans, ta quatrième à la *Scuola Superiore*, une année de glorieuse mémoire, n'est-ce pas ?... Élève Pinzolo, au piquet ! »

On rit tous, même Pandone qui fait semblant de rien entendre derrière le comptoir.

« Et puis écoute, reprend l'honorable professeur, écoute un peu ce que j'ai à te dire : pour ta punition, je vais te raconter une histoire, mon petit !... Parfaitement : je t'appelle "mon petit" et ne t'avise pas de protester ! Car t'es resté petit, Pinzolo ! T'as une tête de bébé fripé ! Et à quinze ans, à l'entrée en quatrième, tu avais déjà cette même tête de petit vieux plissé, ridé. La même ! Donc, pour punition, je vais te faire l'histoire de ce chapeau. Car il a une histoire, ce feutre... Oui, oui, une belle histoire.

« Figure-toi que, sous Giolitti, tous portaient ces chapeaux ronds, minuscules, pas du tout italiens, plutôt anglais... Si, si : anglais ! Et je me les rappelle fort bien. Tandis que vous ne pouvez pas vous les rappeler ni les imaginer, vous autres, puisque vos pères et grands-pères n'en portaient point, qui n'avaient besoin que du grossier bonnet de laine des *terroni* ou des brigands de la Maiella…

« Mais le mien, de père, je le revois avec ce même modèle chaque fois qu'il se rendait au Cercle. Et on a gardé des photos où il le porte avec l'ardeur, la fougue des Italiens de ce temps-là. C'étaient certes de petits chapeaux ronds, minuscules même – tellement minuscules que tu les posais entiers sur ta main large ouverte et qu'ils y tenaient sans peine. Sur une photo prise à Milan, on reconnaît mon père au bras de Marinetti devant le café Savini : ils ont ces mêmes chapeaux ronds, ainsi que des gilets anglais brodés de motifs géométriques de toute beauté.

– Peut-être, grommelle Pinzolo, peut-être… C'étaient donc des sortes de melons, de melons de boursiers.

– Que non ! Grossière erreur ! C'étaient des élégances d'homme urbain, lettré, archi-civil. Cultivé, érudit même. D'ailleurs, celui qui les portait le mieux s'appelait… Benedetto Croce, le très savant Croce ! Et j'avais le bonheur et l'honneur d'être son humble étudiant, son disciple soumis. Pinzolo, tu te souviens au moins de ça, de tout ce que m'a transmis le grand maître et que je vous rapportais en cours ?

— Que oui, professeur ! "Béni" par-ci, "béni" par-là, sans arrêt pendant vos cours : "*benedetta la croce* !", "bénie soit la croix !"

— Tu ne vas pas reprendre cette blague d'ilote, ce jeu de mots à peine phonétique qui n'a aucun sens ! Certes *Croce* veut bien dire "croix", et *Benedetto* signifie "béni", mais tu sais très bien que Croce n'était pas croyant, pas au sens ordinaire en tout cas.

— Peut-être bien, mais vous l'adoriez comme un saint, une… amulette, une… relique, je sais pas comment dire et, en plus, je sens que ça vous reprend aujourd'hui, ce culte du bonhomme Croce et, du coup, je vous vois venir pour l'histoire que vous allez nous raconter, l'histoire du chapeau…

— Impossible. Tu ne peux pas deviner.

— Si : ça sera : "le chapeau, le croquignolet chapeau de mon Maî-aî-tre Croce."

— Et alors ? Tu saurais la refaire, cette histoire, là, aux autres ? Tu prétendrais t'en souvenir alors qu'en classe tu étais incapable de te rappeler le nom d'Ettore Giovenale, le vainqueur du défi de Barletta, qu'on rabâchait chaque matin ? Tu as dû oublier le chapeau de Croce comme mes leçons et, de toute façon, ces jeunes gens, dans la salle, eux n'y ont pas eu droit…

– Pandone si ! Gorio Prete également !

– Mais non, mais non, Pinzolo. Je ne me rappelle pas leur avoir servi le chapeau de Croce.

– Au moins deux fois ici et une autre à la fête de Corvo, tard le soir, après boire.

– Peut-être. Mais c'est secondaire, car ce chapeau a une histoire tellement extraordinaire qu'on peut bien l'écouter plusieurs fois…

« Un jour – je ne sais plus vraiment l'année : 44, 45 ? –, Croce retourne à Bari. C'est pour la Libération ou le Parti libéral, quelque chose comme ça… Longtemps qu'il n'y était pas revenu malgré les amis qu'il y avait laissés, et l'éditeur Laterza, et tutti quanti… Bref, il quitte pour quelques jours sa chère maison de Naples devant laquelle je l'attends comme d'habitude à seule fin de l'accompagner à la gare, l'escorter, lui porter son bagage. Je remplis cet office chaque fois qu'il en a besoin, car il est de constitution plutôt fragile, sensible, et ne saurait charrier seul le moindre paquetage. Sitôt descendu dans la rue, il me parle de *Critica*, sa grande revue, qu'il veut transformer, chambouler à l'occasion de la Libération et qui deviendra bientôt les *Quaderni*, il me parle, parle, et, sans songer à rien, j'empoigne ses deux valises, la première, étrange, en paille tressée – Croce voyageait avec une valise d'Anglaise en vacances – et l'autre, plus classique…

— Vous oubliez le lèche-cul ! le coupe brutalement Pinzolo.

— Comment ça ?

— Dans une autre version de votre histoire, *Professore*, vous nous aviez dit que vous faisait concurrence un autre porteur de valise, un étudiant qui attendait aussi au pied de l'immeuble, un jeune gars que vous aviez qualifié de lèche-cul, d'indécrottable lèche-cul. Un rival, quoi.

— Non, je ne vois pas…

— Si ! J'en suis sûr ! Un qui est devenu puissant, là… Ça me revient d'un coup : le Sénateur ! Oui, c'était lui !

— Quel sénateur, Pinzolo ? Il y en a tellement !

— Le sénateur-sénateur, çui de chez nous : *l'Onorevole Senatur* Ornulfi !

— Mais non, jamais de la vie…

— Hé ! C'est que vous avez peur, maintenant qu'il est sénateur ! Tandis qu'il y a quinze ans, dans votre histoire du chapeau, Ornulfi, qui n'était pas près d'être élu, juste un obscur délégué machin-chose dans son parti à Manfredonia, l'horrible Ornulfi avait eu droit aux injures, aux crachats bien coulants : "lèche-cul, fayot, frotte-bottes de Croce !" Tout ça parce qu'il vous volait la vedette en guettant votre maître, en lui trimballant sa valisette en paille. Et ce matin-là en proposant lui aussi ses services pour aller à la gare !

— Pinzolo, tu confonds. J'ai en effet connu cet Ornulfi, mais à la *Scuola Santa Maria* de Naples, et il est bien possible que j'aie pu rapporter quelques souvenirs plaisants et rieurs sur lui, mais...

— Boh ! La belle nouvelle, tiens ! Je vous redis que vous l'aviez baptisé "fayot, larbin, cire-pompes" ! Que des éloges, des médailles ! Et qui ne dataient pas de votre *Scuola* de curés, mais de bien plus tard, de l'époque de cet institut, institution, où Croce faisait le chef, le gourou... Et quand vous causiez du lèche-cul, là, l'Ornulfi sénateur, vous deveniez jaune de haine ! Jaune jaunisse ! Et en prime vous faisiez un geste vulgaire avec la main, plusieurs fois, comme je vous le dis !

— Par pitié, Pinzolo ! Epargne-nous les grossiè-retés ! Avec toi, c'est toujours pareil : impossible de mener une honnête conversation à son terme ! Toujours tu te mêles, emmêles ! Un cancre, tu es resté un cancre...

— Moi, *Professore*, c'est comme je vous dis.

— Bon. Ça suffit, maintenant. On s'en moque, de ce sénateur. Ce qui compte, c'est Croce... Puis-je avoir deux minutes d'attention, Pinzolo ? Deux petites minutes ? C'est trop ? Non ? Ça va aller ? Bon... Je disais que Croce... que nous... enfin que Benedetto et moi, nous arrivions tous les deux, rien que tous les deux, place Garibaldi, devant la grande gare.

« Le maître était connu pour ses retards : pas énormes, pas des heures, juste une minute, la poignée de secondes décisives… Mais, dès que les gens le voyaient couroter au bout du quai – sa courte silhouette, son élégance, son sérieux, sa rondeur bonhomme –, ils se mettaient en quatre pour l'aider. Chaque fois, à la gare centrale, des voyageurs se précipitaient pour lui porter ses bagages, d'autres fonçaient en tête du convoi demander aux employés de différer le départ, si bien que jamais notre retardataire impénitent n'a manqué son train !

« Même engouement ce jour-là pour sa personne : tout le monde, me semble-t-il, l'entoure, l'appelle *nonno*, "grand-père", le caresse, le poussote, le soutient. Et le voilà sur le marche-pied quand le direct pour Bénévent, Foggia, Bari, s'ébranle dans le vacarme, le tohu-bohu de la gare, qui était encore bien abîmée par la guerre, la pauvrette (sa verrière surtout, et ça faisait peine à voir).

« À l'instant où il me fait au revoir, il va pour retirer son chapeau et, horreur ! je le vois qui effleure de la main son crâne chauve, nu ! Il n'a pas son chapeau !… Je ne suis pas sûr de ce qu'il m'a crié sur le moment, peut-être : "À la maison ! *A casa* !" mais j'ai compris immédiatement qu'il avait oublié le célèbre couvre-chef et qu'il me fallait courir le reprendre chez lui, le demander, l'arracher à Antonietta, sa jalouse et sévère gouvernante des Abruzzes (une *Abruzzese* du grand genre, cheveux de feu et peau de lait, pâleur douceâtre, délicate…).

« "Mais après ?" me disais-je pendant le retour à son domicile. "Qu'est-ce que j'en ferai, de son chapeau vert sombre ? De son feutre légendaire ? Comment lui faire parvenir, maintenant que son train l'emporte vers Bari ?"… La réponse m'attendait sur le seuil de son immeuble : Antonietta venait de recevoir un coup de téléphone du chef de gare de Caserte que Croce avait sollicité au premier arrêt du convoi… Et j'imagine la chaîne amicale et affectueuse qui s'était auparavant constituée dans le train : les passagers entassés dans le couloir plaignant ce pauvre *nonno* d'avoir oublié son chapeau, le contrôleur ému lui proposant de prévenir les autorités, les sommités de la première gare où l'on ferait halte, le chef de ladite gare déléguant un bagagiste au téléphone dûment muni d'un bout de papier où étaient griffonnés le numéro du grand professeur et la commission à faire à sa gouvernante…

« Antonietta m'a expliqué d'un ton glacial, sans réplique, que je devais prendre illico le prochain direct pour Bari et remettre l'inestimable couvre-chef en mains propres à Croce. "Vous comprenez,

225

a-t-elle conclu, le Maître pense en voyageant, en marchant, et ne peut aller découvert : ses idées s'envoleraient comme des petits oiseaux frileux, *uccellini freddolosi*." Elle n'a pas souri en disant ces mots. Elle est restée impavide, figée, blême et rousse, la paysanne des Abruzzes, comme je vous ai déjà dit, le genre de beauté forte, charpentée et imposante qui plaît à l'homme du Mezzogiorno, au petit noiraud à peine descendu de sa montagne... N'est-ce pas, Gorio Prete ?

– Pour sûr, *Professore*, j'en sais quelque chose ! Mais n'oubliez pas la moustache, l'ourlet brun qu'elles ont toutes à la lèvre supérieure, qui laisse augurer du meilleur, l'autre ourlet beaucoup plus bas, la toison, brousse, jungle enflammée...

– Malappris, *mascalzoni* ! Pas un pour racheter l'autre ! Vous vous vautrez dans les cochonneries... Toujours est-il que l'*Abruzzese* m'a remis le feutre précieux dans un sac fin, une pouche de toile légère, du lin, je crois bien, car elle était douce au toucher. J'ai aussitôt repris ma course vers la gare et j'étais en nage, bouillant, malgré la saison, la fraîcheur, tant je me pressais, m'affolais. Je ne me rappelle plus les détails de l'arrivée en gare, mais je sais que pendant tout le voyage j'ai eu peur qu'on me vole le chapeau, une panique, une terreur ! Et pourtant la distraction ne manquait pas : ça ferraillait ferme sur les voies rafistolées à la va-vite après les bombardements, ça brinquebalait sur les roues de fer, ça filait bancal, branque, on frôlait des parapets crevés, effondrés, des trous, des fosses terribles... Mais je ne pensais qu'au chapeau et, bizarrement, à sa rareté, à la qualité de sa facture, vraiment exceptionnelle et non plus à Croce, comme si la pensée de perdre un objet, ce beau feutre, et d'être morigéné par son propriétaire m'était seule insupportable. Je me répétais stupidement qu'il avait été acheté un grand prix chez le chapelier Zardelli, la boutique élégante, étroite et tiède du corso Umberto, écœurante de douceur, de feutrages empilés, serrés. Je trouvais aussi qu'il faisait à celui qui le portait – et je l'avais essayé plusieurs fois – une tête de héros militaire, oui, de chasseur alpin, d'*Alpino*, quoiqu'il n'ait ni la plume de faisan, ni le ruban voyant, bien sûr...

« Non, non ! Inutile de rire, Pandone, je sais que Croce n'avait pas la carrure d'un soldat, c'est son chapeau qui le transformait. Et toi, Pinzolo, arrête d'imiter le faisan des montagnes, des Abruzzes ! Enfin, il faut reconnaître que si ce feutre n'est pas vert guerrier, il a quand même pris chez nous, dans la baie de Naples, un reflet, une nuance des plus étranges, l'éclat vert du Pausilippe, du Vésuve certains soirs d'hiver, quand la mer verdoie et que le ciel froid est parcouru de traînées opalines... Voilà, c'est tout, imbéciles que vous êtes...

« Bref, j'étais obsédé par le chapeau. D'autant que j'avais dû nouer le sac de lin à mon modeste bagage et les abandonner loin de moi sur la plate-forme extérieure, à l'entrée du wagon, au sommet d'un empilement monstrueux de cartons à ficelles, de valises obèses, malles entrebâillées, ligotées. En effet, il se pressait tant de monde dans la voiture des troisièmes classes que je n'aurais pas pu me faufiler avec la précieuse pouche sans risquer de l'écraser, la piétiner.

« Mais j'essaie de me calmer, d'oublier l'angoisse, je m'occupe l'esprit avec les soubresauts, le tangage du train... Rien n'y fait : je ne peux m'empêcher de lorgner par-dessus les épaules, les têtes serrées dans le couloir, de guigner la plate-forme, la pyramide des bagages, des ballots, et en leur cime mon sac de toile blanche qui tire au vent de la vitesse comme une voile de misaine, gonfle et renfle tellement quand le tacot s'énerve, accélère que je crains qu'il ne s'envole.

« Et puis les dix, douze godelureaux qui sont plantés devant moi et me séparent de mon bien, de mon trésor, finissent par m'inquiéter eux aussi : leurs épaules trop puissantes, leurs têtes de brutes, leurs faces noires, malhonnêtes, me font penser à des voleurs, des tire-laine pouillots ou calabrais auxquels ma mère m'avait interdit de jamais me fier... Oui, la bonne dame aurait cru sur parole le premier Milanais venu, mais m'avait appris à suspecter nos voisins de palier, les petites gens de Foggia, les Méridionaux qui grouillaient et braillaient autour de nous. Et ceux du train semblent s'être donné le mot pour me barrer la route et se coiffer à mes frais du beau chapeau de Croce : vraiment, on aurait dit une vente de charbonniers, une bande bizarre de géants sombres, droit tombés des sinistres forêts de la Sila… Je me prends même à imaginer que le plus proche de la plate-forme, un énorme barbu à l'œil mort, s'est placé là pour mieux bondir sur le sac à la faveur d'un cahot ou d'une secousse et qu'il va arracher la belle coiffe, la jeter sur le talus à un complice dissimulé derrière un buisson. "Chez nous, disait ma mère en pleurnichant, chaque arbrisseau cache un brigand !" Furieux, frissonnant de colère, je me dis d'un coup qu'il faut que je me venge de ces trognes de *terroni* et je décide aussi sec – je vous assure que c'est la vérité vraie et que vous allez en être surpris –, je décide de les battre où ils ne m'attendent pas, oui, parfaitement, je décide de jouer moi aussi au voleur ! De les plumer, ces coupe-jarrets !

– Vous, professeur ? Vous avez pensé faire voleur ? Alors que, pendant vos cours, c'était que morale, honte et piquet ?

— Oui, Pinzolo! Et avec jubilation! (Par parenthèse, tu vois bien que tu ne te rappelais pas du tout mon histoire du chapeau, que je pouvais donc te la resservir, belle, riche, instructive, ainsi qu'à nos amis ici présents…) Bon : c'est comme je dis, moi… En un clin d'œil je me fais malhonnête.

« Et sais-tu, Pinzolo, comment j'ai procédé ? J'ai attendu la courbe, le viron avant Irpinia, et puisqu'il y avait un gars douteux à deux pas de moi, un Pouillot crasseux, coiffé d'une gueuserie grisâtre, j'ai joué des coudes dans la foule, la presse des passagers, et, sitôt arrivé à sa hauteur…

— Vous avez pas fait ça, tout de même ? le coupe Pinzolo, un ton trop haut. Vous avez pas arraché à un pauvre malheureux de chez nous son vieux bonnet, un galurin crasseux ? Ça se fait pas, ça… Et puis je vous crois pas. D'ailleurs, vous aviez sûrement pas assez de couilles pour le chiper, ce chapeau, dans une foule, une meute pareilles ! »

Le mot grossier tombe mal dans le brouhaha du bar Fidori, on n'entend soudain que lui, il éteint les petites voix, la rumeur agréable du comptoir, il coupe même le « *Ciao belli !* » de Giancarlo Marra, l'important qui toutes les deux heures descend de son trône, de son siège directorial, pour venir en vitesse prendre un café *macchiato*, bien amer, avec une seule goutte de lait clair que trouble, tourne cette fois la salissure de la balourdise lancée au respectable professeur.

230

On retient notre salive, tous, dans le silence qui s'est fait, la gêne. On craint la réplique, maintenant, on sait que Pinzolo ne peut pas s'empêcher, jamais, qu'il a l'offense à la bouche, le crachat, le juron faciles, mais on redoute aussi le professeur, qui a le bec vif parfois, une teigne, une carne dans les disputes, les querelles… On l'a même surnommé l'Entêté, *Testardo,* l'homme qui ne veut pas reculer devant un petit insolent, un mariole. Et là, justement, le mariole s'est figé, effaré, une grosse tête jaunasse, un mauvais cuir épais, l'aveu, le signe d'une chute, d'une faute qui ne peut pas rester impunie.

« Pinzolo, reprend le professeur d'une voix ferme, posée, comme si de rien n'était, je t'ai appris qu'il ne fallait pas se départir d'une certaine distance envers celui qui parle, surtout s'il raconte une histoire à rebonds. J'ajouterai aujourd'hui que tu n'es jamais arrivé au terme de ta *quinta superiore,* ta terminale – année décisive s'il en est – justement parce que tu ne savais pas distinguer la vérité de la fausse piste, ce qu'il faut croire absolument dans une histoire et ce dont il faut douter.

« Mais, cette fois, sois pleinement rassuré : j'ai bien volé le chapeau du gaillard qui barrait l'accès à la plate-forme. Le pauvret ne s'est rendu compte de rien, a sans doute cru à un courant d'air, une accélération du tacot.

231

« Et voici maintenant la morale de ce larcin ferroviaire : quelques jours plus tard, mon père, à qui j'avais niaisement confié mon exploit, m'a fait passer à jamais l'envie de dépouiller le prochain — et ce, malgré les dix-neuf ans dont j'étais si fier ! Comment il s'est débrouillé ? Mes côtes et mon dos s'en souviennent parfois...

« Bon. Revenons à la noble et grande histoire de mon maître Croce... J'arrive à Bari. Tu sais, Pinzolo, combien la lumière de cette ville est unique en Italie ou dans le Mezzogiorno. Le ciel ce jour-là était bleu froid, presque noir sur la ville, les terrasses blanches, les tours de pierre claire, le dôme de San Nicola. Avant de rejoindre Croce à son hôtel du corso Vittorio Emanuele, je n'ai pas pu résister à l'attrait d'une promenade, j'ai voulu revoir le port grec, la mer éblouissante, le souvenir de mes poètes. J'ai traîné comme il faut, me payant en rêveries, en visions, de cet harassant voyage, de ses tracas, de ses tentations. Après tout, je n'avais pas donné d'heure au maître et je pouvais bien profiter de ce que le soleil et le vent me donnaient gracieusement.

« Quand je suis arrivé au soir tombant dans le hall de marbre rose du vieux palace, il y avait attroupement au comptoir de bois roux, un acajou sombre et bien frotté. Autour de Croce, comme d'habitude, une troupe d'hommes émerveillés faisait public, l'écoutait avec dévotion, humilité. Mais, à ma grande surprise, le maître arborait un couvre-chef flambant neuf, un splendide Barbisio brun terre de Sienne qu'il avait sans nul doute acheté le jour même... Lorsqu'il m'a vu, il s'est interrompu un instant, m'a salué de loin et, avant de reprendre son discours, m'a lancé d'un ton enjoué : "Garde-le ! Garde le chapeau ! Ce sera le prix de ta constance et de ta fidélité." Et il a souri, sans arrogance ni mépris – il en était incapable –, mais sans deviner non plus combien son indifférence à mon dévouement me laissait triste, humilié et ridicule. Pire, je me suis persuadé ce jour-là de mon indignité, de mon incapacité à suivre, à comprendre même un tel maître. À vingt ans, on est sur le fil, on peut s'élever vite, incroyablement haut, bien au-dessus, en tout cas, de ce que faisaient espérer la famille, la naissance, mais on peut aussi tomber, se blesser d'une remarque qui touche au vif, semble vraie, et ne jamais en guérir, l'oublier. Alors on renonce à ce qu'on était sur le point d'embrasser et le maître a fait son diable, oui, l'a vraiment été...

« J'ai gardé le chapeau rond. Il me rappelle doucement Giolitti, mon père, Croce, Bari. Et depuis quelques années, chaque hiver, je l'extirpe du sac en toile de lin, de sa voile de misaine... J'ai bien sûr pardonné à Croce. Mieux : je pense qu'en me l'offrant ainsi publiquement il a voulu me distinguer, me reconnaître, certain sans doute que j'en saurais faire bon usage.

« Et peux-tu comprendre, Pinzolo, ce qu'on fait d'un tel couvre-chef ? On en salue bas, bien bas, à ras, ras de terre, celui qui s'est montré insolent et ingrat, celui qui a oublié la patience et la ferme douceur d'un vieux professeur qui mettait son point d'honneur à gronder sans blesser. »

Le professeur se lève d'un coup, prend le chapeau, s'en coiffe d'un geste brusque et, les lèvres serrées, tristes, l'œil mi-clos, il passe doucement la porte du *locale*, du bar Fidori où nous autres nous taisons, tout penauds, immobiles. Il s'efface aussitôt dans la rue, la lumière, à peine si on l'entend marcher.

CHAPITRE 14

Nardo fait un film

Depuis une heure au moins, Nardo regarde sa bouteille. Du *fiano* d'Avellino, doré, lumineux — les blés de juillet, les chaumes sur les collines de Bénévent. Il avance doucement là-dedans, écluse à faibles gorgeons, lampées minuscules, le vin qui luit dans l'ombre de la salle. Il va prudent car l'ivresse le chagrine, mais il a assez progressé pour rêver lourd, l'œil ouvert, en étoiles.

Face à lui, de l'autre côté des bois râpés, planches à picots de la table brune, la Tête-de-peau s'occupe aussi, en éminence, en solitaire, et depuis longtemps, bien plus longtemps. À midi, au repas, il vidait déjà à petits coups pressés, furtifs, son gros verre écumeux, une flamme soufrée, mousseuse, en ébullition. Et il ne s'est pas arrêté comme les autres en repoussant l'assiette creuse, bien léchée, bien saucée, ou le restant de pain tellement blanc, pâlichon qu'on soupçonne qu'il pourrait plaindre le sel. Il ne s'est pas non plus levé en hâte, une plaisanterie aux lèvres et le billet de dix au bout des doigts, direction le comptoir, où Pandone ronchonne, fait mine d'être à la tâche.

Çui qui boit quand il n'y a plus rien sur la table, quand les plats sont débarrassés, on dit que c'est un soiffard, un homme qui ne sait pas apprécier, vraiment pas. C'est ce qu'on dit à Foggia, au Fidori : il n'a pas l'art, la manière, celui qui passe la journée avec sa bouteille de vin. Il n'a pas compris ce que font les autres, les habitués qui viennent, reviennent, commandent un amer, *amaro*, deux doigts de fiel, de bile noire, ou la goutte blanche, l'éclat de la *grappa*, et puis filent, s'envolent travailler, bien affermis, requinqués.

Nardo et la Tête-de-peau boivent particulier : à la française, n'importe quand, même à l'heure où l'on ronfle profond, sieste, parle délicat aux dames agréables, un peu déshabillées. Oui : ils font les mal élevés, les orgueilleux, ceux qui ont l'audace, la fougue, l'excès bien enfoncés au vif, au tréfonds, tout contre le cœur battant, réglé par le Bon Dieu, et qu'il ne faut pas affoler, le pauvre cœur, ni secouer par des écarts, des foucades, des grands coups, parce que le Bon Dieu alors se désespère ou se détourne, se lasse, et les anges gardiens ne nous tiennent plus aux épaules, en frères prévenants, mais trébuchent, dégringolent avec nous.

Les heures d'après-midi sont si mauvaises qu'elles donnent la tentation, la rongerie de faire des gestes de rustres, de sagouins ou malappris, comme de tourner à l'infini entre ses doigts le verre clair sur les planches mal jointes, grinçantes, qu'il vire lent, triste, soleil pauvre. À ce jeu, Nardo est inégalable puisqu'il peut rester silencieux jusqu'au soir et se contente d'une seule carafe dorée, embuée de frais, perlée de gouttelettes glacées comme la peau d'une fille qui tremble d'être prise, souquée.

Quand il a éclusé la fille, qu'il l'a vidée, épuisée, il se remet à parler. D'un coup, sans prévenir. Il est penché sur la table, face à la Tête-de-peau, au crâne chauve, luisant et jauni du vieux soldat, et il parle, raconte, la bouche un peu serrée, amère. Ce n'est pas qu'il soit gêné : au contraire, il est à l'aise, il file. C'est juste le rictus, la mine qu'il lui faut pour que ça sorte fluide, nombreux. Et il se moque du voisinage : ça pourrait être n'importe qui, Beppé, qu'il n'aime guère – la fabrique, le travail, certaines façons de chef –, ou Rémolo, ou Burini, il est parti à raconter et les autres n'ont qu'à bien se tenir. Seuls Pandone et, les jours où il vient se planter à sa table, la Tête-de-peau, pourraient lui répliquer, le tarauder, le couper… Parce qu'ils sont du décor, de la peinture, des ombres douces projetées depuis toujours sur le mur.

Là, Nardo bougonne quelque chose à la Tête. À propos d'un film, un cinéma que prétendument la Tête lui aurait demandé de raconter jadis, il y a longtemps, si longtemps que la Tête n'arrive pas à se rappeler. Si on était des anges, nous autres, de ceux que je disais tantôt, qu'on voit dessinés aux voûtes de l'église San Giuseppe, Saint-Joseph, dans la petite ville de Copertino, on battrait des ailes, on ferait un charivari assourdissant, un frottement pelucheux énorme, étouffant, plumeux : la Tête qui demande qu'on lui raconte un film ! La Tête ! L'ancien soldat de Salò, l'enrôlé de la *Decima Mas*, le transfuge, le « défroqué », comme on disait, qui a rejoint les partisans en 44, puis l'armée de Libération… Un solitaire qui ne sort pas de chez lui, ne dit pas trois mots ! Mais quel genre de film il peut bien vouloir qu'on lui raconte, cet homme tout en peau fripée, tavelée, parcheminée, plus un cheveu, pas de sourcils ? Un film cow-boy, guerrier ? Un Maciste, un défilé de GI ? Un péplum, un assaut Moyen Âge, Vietnam, Japs ? Pas ce que préfère Nardo en tout cas, sûrement pas…

« Mais si, la Tête, je t'en ai parlé ! Bien sûr que si ! dit Nardo, ferme mais pas trop énervé. Je t'ai

déjà fait ce film. En tout cas le début, le commen-
cement. Ça, je m'en souviens bien.

« Même que t'étais là, debout, au comptoir, au
banco, pas affalé sur ta chaise comme aujourd'hui.
C'était janvier, il y avait grand soleil, et tu m'as
demandé…

— Demandé, moi ?

— Oui, demandé. Je me rappelle parfaitement.
Tu t'es tourné vers moi, j'étais à cette place, la
même, et puis…

— Ah oui ! Peut-être bien… J'ai comme un
souvenir, maintenant… Je me suis tourné, tourné,
et j'ai dû te demander quelque chose… Ce qui
se fait pas tous les jours, faut reconnaître, parce
qu'ici, au Fidori, on hésite souvent, tu sais, on
hésite à te demander, car tu n'es pas du genre
commode, hein ? pas vraiment…

— Tu vois ! À force tu retrouves la scène ! Je
t'avais juste commencé l'histoire, les portraits des
bonshommes, des femmes, et puis le grassouillet
de Bénévent, Beppé, est venu tout suant s'asseoir
avec ses fantômes charnus, fessus, les déesses qu'il
dépiaute, décrit, et t'as fait comme les autres,
préféré les vues imprenables sur les belles dames
à mon petit film. J'ai marmonné dans mon coin,
et basta, rideau ! Plus personne pour me suivre !
Mais ça t'avait plu, le début, je t'assure, enchanté,
même… C'étaient des aciers coulants, rouges. De

l'usine, des hauts-fourneaux. Comme ceux où t'as travaillé après la guerre à Gênes. Ça te revient ?

— Peut-être, peut-être… C'est un beau film, ça, sûrement… La grande catégorie, pas vrai ? Pas le genre western ou coup de couteau, hein ? Alors ça se pourrait, oui, ça se pourrait… Des aciers rouges, t'avais dit. Et on voyait même couler le métal liquéfié et les deux ou trois gars qui perchaient les fontes, les fusions en feu… C'est ça, hein ?

— Oui, c'est exactement ça ! Ah, la Tête, quel ami, quelle mémoire ! Après, je ne sais plus où j'en étais…

— Après, des conneries, ton film : c'était chez les Boches ! C'est pour ça que tu me le racontais : pour m'emmerder avec la guerre, septembre 43, les Allemands, et tout, et tout… Au temps des nazis, ça se passait. Il y avait une famille très, très riche, genre clinquant, m'as-tu-vu, avec des verres à pied d'un mètre cinquante sur une table longue comme un catafalque ; des frères d'une beauté impossible, lisses, des têtes trop fines, presque des filles ; une mère veuve, délurée, gitonnée avec un amant louche, un rien du tout qui rêvait d'épouser cette garce et de se faire du gras, d'énormes tas de gras, de richesses dans l'acier, l'industrie boche de la tôle et du canon, un parvenu, ce type, tu vois… Et puis – risque pas que j'oublie ! – un des garçons de la famille était travesti, bas résille, jarretelles

240

et maquillage, et il chantait nu devant sa famille effrayée un truc comme *Lili Marlène*...

— Bravo, la Tête ! Rien oublié du film !

— Forcément, je vais plus au cinéma, moi ! Je suis pas un de ces petits cons aux poches garnies, remplies par papa et maman ! Alors, quand tu me fais un film, ça me plaît, c'est bien agréable. Me faut juste le temps de repêcher les images, de pas me tromper.

— Mais il était trop rapide, reprend Nardo, le début de ce cinéma, de ce film... Tu revois tout ça, la Tête ? Imagine : tu es assis confortable au Panteone, la salle antique de la piazza Cesare Battisti, tu vois ? Fauteuils en velours pourpre, ombre rouge vif dans la nef, plafond ondulant, grimaçant de reflets noirs, violets... Et tu entends le brouhaha énorme, magnifique des premières minutes, le boucan du forum, de nos aïeux, grecs, romains, toute cette grandeur qu'ils avaient, nos pères, quand ils causaient libres et forts.

— Oui, j'entends, j'entends drôlement bien.

— Ensuite on te fait passer le générique, des lettres longues, sombres, dessinées ou peintes par on ne sait qui, tombées du ciel, on dirait, de ses pires recoins, de sa marmite à foudre, cris, tempêtes... Tout amorcé, émoustillé, tu attends. Tu attends son nom.

— Son nom ? À qui ? Au Bon Dieu ?

— Tu sais bien, quand même… Au duc, au grand de Milan qui a fait le film ! Tu le lis enfin, son baptême, en jambages noirs sur fond rouge et or, flammes, escarbilles, acier qui verse, ruisselle dans une fonderie, chaudron du diab', une géhenne… Tu vois écrit : LUCHINO. Rien que ça tu trembles, tu as le cœur fendu… Luchino Visconti ! Tu te rends compte : cinq cents ans après, tu assistes au retour d'un Visconti, peut-être même à la résurrection d'un des premiers reîtres du clan, d'un magnifique condottiere de la lignée : Galeazzo le terrible, le sévère !

« Un sacré cavalier, l'ancêtre ! Deux têtes plus haut que son prochain ! Increvable à la poursuite, à la traque… Un tueur, un homme, ça ! Et un nom fort comme un poème ! Pas neuf du tout, bien sûr, usé même, réduit ou flétri par le temps, diraient les imbéciles, quand c'est le contraire : aiguisé, poli et nervuré par les générations, les beaux petits morts qui l'ont porté. Des fils à foison, une marmaille insolente, rien que des courageux, des soldats comme toi, pas des banquiers ni des planqués mous, non, mais des carcasses casquées, des types jamais couchés, à dormir juchés raides sur leurs montures…

— Pourquoi que tu me compares ? J'ai pas fait ça, moi…

— T'as pas fait, mais tu peux comprendre ! La

guerre italienne, longue, tordue, la même depuis des siècles, tu peux en parler, tu t'es battu contre les tiens, non ? D'abord d'un camp, puis d'un autre, hein ? Bref, les premiers Visconti, leur lubie à eux, c'était d'étendre leurs forteresses, leurs murailles rouge sang, en briques tassées, empilées sur dix mètres d'épaisseur, c'était de les semer, bâtir le plus loin possible de leur Lombardie natale, jusqu'au sud de la Romagne, aux Abruzzes, aux portes de Naples, et plus bas encore, vers chez nous ! Leur blason, tu as sûrement remarqué, leur sceau gravé, sculpté, on le voit à la voûte de plein de ruines perdues, châtelets perchés : à Scamurzi, Terrano Alto, Lucera… Et il n'est pas martelé, biseauté, lui ! Il est resté intact, bien beau, signe de crainte chez le voisin, la populace, de terreur respectueuse alentour. Tu dirais qu'ils sont là, parmi nous, des veilleurs, des gardiens froids, des sortes d'immortels… Sûr que beaucoup de nos frères écervelés, précipités, les bons petits Italiens d'aujourd'hui, appliqués à bien faire, à être sages, se croient éternels, pas vrai, la Tête ? Les Italiens, il ne leur faut pas grand-chose pour se voir comme ça… Mais ils devraient reconnaître qu'il n'y a que les nobles, les héros pour traverser les siècles, l'oubli, et qu'eux autres, les bougres bien communs, la roture, ils sont pas de la même pâte qu'un grand, qu'un Visconti !

— M'en fous, de leur pâte, Nardo ! La mienne est pas si mauvaise : des gueux, des rien qui n'ont pas laissé de trace, mes ancêtres, je suis bien d'accord, des pauvres même, mais c'est ceux-là, justement, que le Dieu que je crois sauvera, tirera de l'Enfer ! Pas les autres, les surpuissants, les titans ! Je ne sais pas si tu peux voir cette idée, toi qui es tellement mécréant.

— Sûr que je la vois, ta baliverne, ta vieille baudruche ! N'empêche... N'empêche que Luchino Visconti non plus ne croyait pas au Christ : la vie après la mort, la survie, il ne l'a trouvée que dans les traces, les souvenirs qu'on laisse ici-bas, à la rigueur dans la mémoire que les autres gardent de nous, pas ailleurs, pas je ne sais où, dans un soi-disant bout de ciel bleuâtre... Comme ses ancêtres, il nous a laissé un héritage bien voyant : des petites images, des figurines coloriées qu'on ne peut pas quitter de l'œil... Ses aïeux caparaçonnés se faisaient sculpter ? Médailler, profiler en héros ? Eh bien, lui, il a joué le montreur d'ombres, s'est mis à projeter sur des toiles de coton blanc grossièrement tendues des silhouettes grimées, sautillantes, des masques, bouches de cauchemar, des goules froides, des grimaces sinistres qu'on prendrait pour la vie, tant elles la miment, la singent. Au fond, il a cherché à nous ficher la même terreur, le même frisson louche que Galeazzo, le pourvoyeur en fortins blasonnés, bastions armoriés et statues équestres, géantes, de reîtres invincibles. Quand tu t'es battu en Lombardie, au printemps 44, il a bien dû t'arriver...

— Tss ! Il ne m'est rien arrivé du tout ! Parce qu'au printemps que tu dis, j'étais pas dans la plaine du Pô, mais en Romagne, où j'étripais du Boche, ce qui n'était pas une mince affaire, faudrait pas l'oublier !

— Je ne l'ai pas oublié, la Tête ! C'est même pour ça qu'on est amis. Mais je voulais juste rappeler que les Visconti aiment faire peur, tenir le fretin, le tout-venant dans la crainte, l'éblouissement de la force. Ils savent te donner la secousse, la décharge panique qui te pousse à hurler avec les autres, en foule, en meute, un appel au combat, au sang, au sacrifice, les mots fameux, les grandeurs qui pouvaient encore secouer les bonshommes pas trop amoindris, réduits d'il y a cinquante, soixante ans.

« Et voilà comment un Visconti s'est enrôlé dans les bandes rouges ! Comment le rejeton de Galeazzo a frayé avec les bas-fonds des usines, les salles poussiéreuses à congrès pesants, orateurs lourds et maladroits, mais tellement forts, courageux, justifiés ! Oui : justifiés par l'humiliation, la tremblerie des pauvres... Alors, il a emboîté le pas aux défilés, aux cohortes que guidaient des bannières enflammées, les plus gueuses et violentes qu'on ait vues de longtemps : des drapeaux écarlates, des étoiles à tranchant d'or, des phrases à promesses, à rédemption immédiate, vengeance contre le riche, le maître...

« Et là, il fallait devenir gibelin ! Mais oui, la Tête, pas de quoi ricaner... À la Libération, comme des millions d'Italiens, Visconti s'est engagé chez les gibelins, il s'est donné à une armée étrangère, un nouvel empire – pas les Hohenstauffen ni l'empereur Frédéric, cette fois, mais l'Orient rouge, les Tartares, Moscou ! Parce que chez nous, tu sais bien qu'on n'a pas le choix : ou tu es de Rome, des papes, du parti guelfe, matois et chafouin, ou tu n'es rien, tu vivotes aux marches du royaume. Pour faire bonne figure, sauver ton nom, l'honneur, il ne te reste qu'à prendre l'épée et harceler, étriller cette armée de courtisans cauteleux, de bouches amènes et onctueuses. Alors tu te détournes de ton pays, tu cherches le secours d'un bras étranger, de sbires, de tueurs d'autant plus fréquentables qu'ils viennent de loin, que tu ne les regarderas jamais sous le nez et ne jugeras jamais *de visu* leur laideur, leur lèpre, leur violence. Mille ans que ça dure, ce *tradimento*, la trahison, le tourbillon centrifuge : d'abord le Saint Empire, les bottes, les lansquenets ; puis les rois de France, la *furia,* les belles cavales, ; puis l'Espagnol ! Et pour finir Moscou, la steppe, les Kalmouks… Même les Brigades rouges se sont trouvé des alliés bigarrés, chamarrés : le Fatah, dont le nom sonnait comme notre vieux *fatum,* notre Destin assassin, mais portait turban et djellaba… Le génie italien en somme : que tout relance, nourrisse la guerre première ! Que les deux camps qui chaque siècle s'affrontent sous des noms tout neufs, des oripeaux, des couleurs d'emprunt, reforment leurs brigues, leurs bandes, s'égorgent !

— Tu m'embêtes avec ta leçon d'histoire, ton sermonnage excité, les Allemands, la place Rouge, les Arabes ! Et ce défilé de héros, de noblesses, là, tes particules, tes Visconti, ton duc, archiduc ! De toute façon, il était milanais, non ? Autant dire pas de chez nous, étranger. Ici, tu sais bien qu'y'a plus de princes, de couronnes à plumeau, de blasons depuis belle lurette.

— Mais si ! Regarde Calproni…

— Le baron ? Pas lui ! Pas ce grand-père ! C'est le seul que t'as en tête quand tu parles noblesse, le dernier des derniers, faut croire… Encore un qui est tombé bien bas, qui est ruiné, liquidé.

—Mais non, la Tête, le baron est toujours un maître, un puissant. Comme ses amis, la kyrielle des nobliaux, le Cercle du Marinaio à Bari…

–Tss ! Des vieilleries, des conneries, tes histoires ! Des lubies de cent ans ! D'ailleurs, si t'es de bonne foi, rappelle-toi ce qui s'est passé à Rocchetta. Les Calproni, n'est-ce pas, y avaient un palais somptueux, à ce qu'on dit...

– "À ce qu'on dit" ! C'est ta manière de mentir.

– Pas du tout, Nardo ! Les barons Calproni, je connais leur histoire sur le bout des doigts ! Je te dis qu'à Rocchetta ils avaient des murs très hauts, des belles pierres, des voûtes, des... des arches : un palais, en somme. Et maintenant, ton baron, la particule, la titraille dont tu te gargarises dès que tu prends des airs supérieurs, il n'a plus rien ! Rien du tout !

« Note : si on y pense bien, il leur reste quand même quelque chose aux Calproni. Un des cousins du baron tient depuis longtemps un bar en haut de Rocchetta, dans la vieille ville. C'est pas luxueux, un bar, c'est même vulgaire, populace, mais enfin... Il s'appelle le "Drigo". Tu te rappelles peut-être ? Il est vraiment perché, au sommet de la rue des Pentes, la passe la plus étroite entre les maisons qui touchent au vieux château. Tu la vois, hein, la rue ? Un zigzag bizarre, la seule ruelle qui se faufile entre les murs serrés, accotés les uns aux autres.

– Je ne vois pas vraiment.

– Tu connais mal ton pays, Nardo ! T'es comme ton neveu, Giovan le Français, çui qu'a suivi ses parents je sais pas où de l'autre côté des Alpes : vous nous regardez plus. On dirait que quand on vous passe sous le nez, vous nous voyez pas…

« Bon, revenons à Calproni, à la chute, la misère des derniers qui portent ce nom. Tu sais ce qu'ils disent à Rocchetta ? Pas sur Calproni, mais sur les petites rues que tu veux pas te rappeler et qui, elles, expliquent tout, y compris la déchéance, la mort des nobles. Ils disent que leur bourgade, en vérité, ça ne fait qu'une maison ! Des dizaines, des centaines de chambres qui se touchent, s'épaulent, se rencoignent. Des portes qui s'ouvrent tu sais jamais chez qui… Et à la nuit, quand tu n'y prends garde, *cazzo* ! tu pousses un battant de bois sans même t'en rendre compte et tu déboules chez le prochain, le voisin…

« Justement, tiens, ce coup-ci, ça sera chez le cousin Calproni ! Eh oui ! Parce qu'il est comme les autres, le descendant de noblesses, il a pas de palais, juste deux chambres étroites dans une maison courte !

— Un peu grosse, ta ficelle, la Tête ! Tu me promènes pour rien m'expliquer. Ni le bar Drigo, ni le cousin.

— Patience, Nardo ! Faut savoir attendre… Le rejeton Calproni, il dort dans sa pièce glacée, sa chambre à plusieurs portes qui donnent on ne sait où. Il a le bonnet enfoncé sur les oreilles, et une femme énorme, une baleine qui ronfle tout contre lui, fait trembler les murs centenaires, le plafond poutré.

« T'es tombé là par hasard, mais tu vas en profiter ! C'est ça le bonheur de vivre comme le peuple, ce peuple dont t'as plein la bouche mais que tu ne fréquentes guère ! Tu vas lui demander direct ce que signifie son enseigne bizarre, au cousin du noble Calproni qu'a si peu l'air prince… Car le nom, "Drigo", hein ? y'a que lui qui peut l'expliquer, il l'a choisi lui-même, c'est son invention, son petit secret… Jadis, au bon temps, avant qu'il reprenne l'affaire, on appelait son café "le bar d'en haut", ou même : "le bar de la vieille ville". Et là, tu vas pouvoir lui crier, lui brailler à peu près : "Cousin Calproni ! Tout le monde a oublié ce que ça veut dire le nom de ton bar ! Explique-moi, et vite, parce qu'à Foggia, au Fidori, ils rigolent, ils prétendent tous que ça signifie 'frigo'. Mais à Bari, chez les chics, ils racontent que c'est une déformation de 'draisine' que personne dans ce trou de Rocchetta ne saurait prononcer comme il faut. Une draisine ! Un wagonnet de ferraille !"

— Tu me balades, la Tête, tu te fous vraiment de moi !

— Pas du tout. J'suis sûr que tu te rappelles que le cousin Calproni avait eu un premier métier, à la Libération, bien avant de reprendre le bar. Il avait officié dans les chemins de fer. Plus précisément dans l'entretien des voies. Or, sur la ligne de Cerignola, celle qui suit la digue de l'Ofanto, on le voyait tous les matins avancer à la force des bras sur la draisine jaune des *Ferrovie dello Stato*, la plate-forme en tôle légère, en fer creux, et Cuno, son chef, se tenait assis à l'avant, comme une vigie ou un important qui sait tout. Mais, dans l'aube, il regardait l'est, le soleil rond, énorme qui se dressait en tournant par-dessus la mer encore éteinte, toute morte... Une vraie photo, en somme...

« Et tout le monde à Rocchetta pensait que l'enseigne, le "Drigo", rappelait ce spectacle : le cousin debout et son chef accroupi, le travailleur musclé et le sage qui pense... Un couple de l'ancien temps, tu vois ? De Rome, de l'Empire... L'union du bras-de-force et du maître, du prolétaire et du patron, du paysan et du prince. Un sacré couple, Nardo, quoi que tu penses... Et un couple intéressant, inoubliable, parce que l'ouvrier, là, c'était une fin de race, un sang bleu déclassé !

« Chez nous, tu sais, on refait les noms modernes, ceux de l'école, des journaux. Surtout les flambant neufs, les trucs techniques, les prétentions pour un métier, l'outillage... Tu vois comme on se débrouille, hein ? On reprend le mot froid, sec, archi-long, et on le jette à terre, on le roule dans la poussière, on le cabosse, on l'arrache et, s'il y a des flaques, de la boue, on le patauge, on l'épaissit un peu… Alors, ça n'aurait surpris personne, à Rocchetta, que la draisine elle devienne "drigo"… tu vois ?

– Non. Je ne vois toujours rien.

– Tss ! Mais çui qu'est entré par erreur dans la chambre du cousin, çui qui veut le questionner, il voit, lui ! Il voit les deux énormes qui ronflent dans leur lit, la baleine et la bedaine, l'outre et l'estomac. Il secoue le cousin et il lui crie, lui hurle dans la nuit qui n'est pas bruyante, là-haut, comme tu imagines, dans les ruelles désertes, abandonnées : "Drigo ! Qu'est-ce que ça veut dire, ce mot ?" Et l'importun répète ça, un dément on dirait, aux deux qui soufflent et soupirent…

« Le cousin se réveille furieux : *"Cazzo !* il crie, qu'est-ce que tu fous là aux pieds de ma femme ? hein ? Malappris ! C'est une baronnesse, elle !" (Il pense comme toi, le cousin, il n'a de respect que pour les gens à titraille, à châteaux.) "Et je vais le rappeler demain au comptoir du bar ! J'y mettrai un panneau écrit de ma main : 'Révérence à ma moitié qu'est baronnesse !'"

« Mais il ne se dérobe pas, le cousin, il va répondre, lui, c'est pas un prétentieux qui fait la leçon aux autres et se cache derrière ses phrases ! Même s'il sait que la nuit n'est pas favorable aux belles réponses – parce que la nuit est aussi secouée que l'ivresse, que les heures noires et rouges du trop de vin –, il explique du plus clair qu'il peut : "Imbécile ! Citadin ! 'Drigo', ça veut dire : 'Federigo' ! Le Hohenstauffen ! Le seul roi qu'on ait eu dans le Sud, çui qui a fait que le monde entier n'a regardé que nous, notre bout de terre, pendant trente ans !"

– Un ilote de Rocchetta aurait trouvé ça tout seul ?

– Un ilote ? Parce qu'il tient un bar ? Oh, le mépris, Nardo... Mais c'est le vrai sens du mot ! Y'en a pas d'autre. Va là-bas et demande...

– Risque pas : sont tous comme toi, des têtes de bois.

– Moi, c'est autrement qu'on m'appelle... N'empêche que j'avais raison : les noblesses sont éteintes, finies, chez nous.

– Si tu le dis !

– J'le dis ! Et c'que j'dis aussi, c'est que tu aimerais qu'ils soient encore là, les Visconti, les Calproni de l'ancien temps, bien forts, bien armés, durs, violents... Pas les déclassés qui font barmans, ouvriers... De l'ennemi sanglant, ça te ferait ! De l'occupation ! Et puis tu t'imagine-rais que t'es un vengeur... "Nardo le vengeur des exploités", ça flatterait ton orgueil, hein ? Ça te donnerait du goitre, de la largeur, de... de la suffisance ! Tu ferais rien que causer, bien sûr, tu lèverais pas le petit doigt, tu te contenterais de cracher sur des noms, des titres, des bonshommes fatigués, grisonnants, qui sortent plus de chez eux. Mais gare ! Un jour, on rend compte de ses mots tordus, salopés ! Oui ! Du moindre petit mot dégueulasse ! Et alors, Nardo, y'a quelqu'un qui vient pour venger l'insulteur, le soi-disant vengeur !

— Mais je te remercie, la Tête ! Parce que c'est ce que je veux ! Que ça ne s'arrête pas, la guerre, la vraie, la seule qui vaille, la sociale ! Que les maîtres, les puissants donnent des coups ! Tant qu'ils veulent, puisqu'ils sont nés pour ça ! Mais qu'on les leur rende ! Coup pour coup, à jamais ! Et crois-moi : jusque sur mon lit de mort, je saurai les rendre !

— La rigolade ! Sur ton lit de mort, tout pâle et freluquet, t'auras les foies et, comme moi, t'appelleras le curé ! »

CHAPITRE 15

Tonino aux arcades

Au pied du palais Castruccio – une des façades les plus massives de Bari, une face de pierre renfrognée, bourrue – le tout petit professeur Pescasseroli s'arrête soudain de marcher, se raidit, sérieux, grave, et se met à fixer une bande de lumière rase qui ondule, chatoie au pavement lisse de la place étroite, cernée de murs crénelés, tours fendues, donjonnées.

Il ne peut se garder de reprendre un de ses ressassements préférés : « Les pierres, les belles pierres italiennes que voici ! se répète-t-il ému aux larmes. Le calcaire blanc et doux, tendre et léger de la Murgia, notre terre nourricière, généreuse, pourvoyeuse en palais, murailles, colonnes fines, ou en galeries, voûtes, arcades aussi, comme celles qu'on voit, là, de l'autre côté de la place, vers la via dei Dottula, et qui sont les plus belles arcades de Bari, où il n'y en a guère, il faut dire, même dans la ville neuve… »

Il ratiocine, reprend son vieux refrain, ses couplets épuisés, s'amuse à être aussi long et tortueux que la strada Gironda quand elle s'enroule autour du Duomo ou se plie et replie avant la basilique San Nicola. Tout le monde à Bari connaît le professeur pour ses pensées lentes à venir, à se montrer, les silences infinis, gênants, où il les prépare, soupèse, assemble… On a aussi remarqué que, sitôt lancé, il accable son prochain à coups de formules acerbes. Pinzolo, son ancien élève de Foggia, dit de lui au Fidori : « Autant il pense traînard, des minutes, des heures, avec des efforts de cancre, de dernier de la classe, autant il débite, raconte facile, sans souffler, long de long, barbant à la fin ! »

Et là, en son for intérieur, dans le réduit le plus secret, intime, aussi muraillé, rempardé que les palais de la vieille ville, il s'en donne à cœur joie, il brode, tisse, débobine : « Si je me rends dès maintenant, aux premières heures de la matinée, jusqu'au bar Marinaio, sur le môle, face à la mer grecque, si, à ce moment-là, la table du Cercle, la plus noble de toutes, la seule où il convienne que je m'assoie, se trouve libre, sans importun médiocre ni ignorant fâcheux, si je décide alors de m'y installer, je vais agréablement passer le temps qui nous sépare de midi à regarder la lumière étinceler sur les vagues, chatoyer sur le bassin du port, les darses, comme fait ici le soleil aux dalles lisses, polies, brillantes... Mais dans ces parages-ci, je peux au moins m'abriter de ses reflets blessants en passant de l'autre côté de la place, à l'ombre des arcades, à la fraîche dans le courant d'air glacé, délicieux, qui se faufile entre les vénérables piles des arches de pierre froide !

« Tandis que... tandis que si, à tout petits pas, je gagne ce bar là-bas, le Marinaio, je vais vite m'y ennuyer ! Et, pour finir, m'emmerder ! Oui, m'emmerder ! » Et le professeur rit secret, au tréfonds, mais aigu, perçant, à l'idée du gros mot qu'il mâchonne, remue avec l'accent gras, épais, comme au village, dans l'enfance, à la Cupagnana.

« Parce qu'il faut se rappeler qu'à cette heure, les serveurs du lundi – le jeune Coloni ou le bistre jaune Mugno – ont beaucoup à faire : frotter les rangs de verres à pied, remplir les bacs à sorbets, les présentoirs de crème glacée, aligner les chaises sur la terrasse, dérouler soigneusement l'auvent de toile rayée, bla-bla, bla-bla ! » Le professeur termine ses péroraisons comme ça, qu'elles soient secrètes ou publiques, il fait joyeusement sonner, retentir les deux syllabes enfantines qui le ravissent, le reposent, lui, l'intarissable, l'encombré de mots.

« En plus Mugno raconte toujours pareil, les mêmes nouilleries. Mais là il ne pourra pas, parce que ça occupe, tout ce tintouin de coupelles argentées, d'assiettes blanches et de chaises remuées ! Il ne lâchera pas un mot, l'idiot.

« Le jeune Coloni ? Un flemmard, un "protégé" qu'on a mis là "au vert", bien visible, en évidence, histoire de dire aux Carabines : "Voyez, gardiens de l'ordre et de la loi, voyez comme on est sages, nous autres Coloni ! Qu'est-ce qu'on n'est pas allé embêter ma pauvre mère pour des ragots, des broutilles contre moi ! Une veuve, en plus, ma mère. Une victime ! Une qui mériterait de passer à la télé dans les spectacles à victimes ! Parfaitement ! Car c'est la *Sagra Coronata* qui a tué mon père, son homme à elle, pour une affaire comme ci, comme ça, on sait pas trop pour quoi... Et nous qu'on est des cibles sur pattes, des braves, des bonnes gens, on nous soupçonnerait ?" Bla-bla, bla-bla !

« Ici, au pavé de la place ou sous les arcades, le frais va durer une heure encore. Ensuite le soleil, cet indélicat, commencera à s'étaler, à mordre de plus belle les vénérables dalles antiques, mais côté sud... Oui, sud... Le côté faible, débile, le flanc aux invasions, aux razzias barbaresques, turques, américaines. Sont entrés violeurs et violents par cet angle large ouvert : les cuisses écartées, offertes, obscènes de Bari. Une femme pas si facile, pourtant, la belle, la rosse…

« Ce brasier blanc, vorace, va d'abord te grignoter un bout de place, puis la ronger, manger de plus en plus vite. Si je reste là, debout dans l'air délicieux, refroidi par la petite nuit des arcades, les rues serrées, les soupiraux des caves glaciales où grelottent les souvenirs d'automne, d'hiver, et quelques secrets infâmes, magnifiques, je verrai reculer une par une les ombres crénelées du palais Castruccio… N'y a que les touristes et les hypocrites, les masses, les tombereaux d'Italiens menteurs, trafiqueurs, pour l'appeler comme ça : les *Baresi*, ceux qui sont nés là, les vrais de vrais se contentent de dire le "putanoir", le bordel que les autres, là, les chefaillons du *Fascio*, les huiles à chemises brunes, les *ras*, les Starace fréquentaient à tire-larigot. Et que les Américains ont repris tel quel, même taulière, mêmes filles et porte-couteau, tout pareil sauf qu'ils se cachaient, c'est de sacrés hypocrites, d'une autre espèce que nous, pire encore, bla-bla, bla-bla… Et maintenant que les Maisons sont mortes, finies, ça fait auberge chic, chambres d'hôtes ! De luxe ! Catégorie ultra-supérieure pour Allemands roussins ou Anglaises peau de lait !

« Je vais donc voir reculer sur la place l'ombre
à encoches, merlons et crénelages cassés... D'un
coup, quand cette ligne brisée aura fui près des
murs, sera réduite à rien, une frange de nuit
brune tremblant contre la pierre, je sentirai le
souffle de bête, l'haleine grasse et brûlante de la
gueule de feu, de flamme du soleil à midi. On
ne pourra plus se tenir entier, en homme, dans
le restant de nuit, même aux arcades. Il sera
quoi, exactement ? Midi un quart, la demie ?
L'heure en tout cas que les pauvres morts, les
abandonnés, ceux qu'ont pas été enfouis, ou à la
va-vite, pas bien du tout, se mettent à se montrer,
se dessiner dans la poussière surchauffée,
recuite, le sable étincelant, à cristaux de feu, le
brasier universel qui frappe la terre, l'étouffante
géhenne. Midi ! Le triomphe des mal-morts !
Ou des mal-vivants, d'ailleurs, parce qu'outre
les Nordeux qui exposent leurs chairs blêmes à
la morsure féroce de la lumière, tu entends aussi
grincer aigre tous les mécontents de cette terre,
les avides, les avaleurs de sou, d'or, de gros biens,
les banquiers, finassiers financiers, qui sont en
affaires, justement, déjeunent d'affaires, comme
ils disent : à midi, par les portes et les fenêtres
ouvertes de leurs mangeoires, tu n'entends
qu'eux, ruminations, mâchouillis baveux de
bêtes à l'auge et cliquetis de sous, piécettes,

hallucinations dorées, monnaie rêvée, étincelante monnaie des morts… Quand l'humilité
et la crainte te commanderaient de fermer les
yeux sur ce monde aveuglé, décoloré, surexposé
au feu blanc du soleil, et d'entamer une sieste
musicale, ronflante et rythmée, une rêverie dans
la fraîcheur des chambres, une fanfare sous les
arbres, dans le pré au bord de l'eau !

« Mais à Bari, personne ne veut formuler, dire
avec les mots qu'il faut, les mots qui sauvent et
guérissent – ceux du Dante ou de Virgile, de
Montale ou d'Ungaretti, de D'Annunzio et de…
de… disons, pour aller vite, de Giosuè… oui,
Giosuè Carducci, quoique… quoique ses mots
à lui… – enfin, personne n'accepte de raconter
ce qu'on entrevoit, devine à cette mal-heure :
lambeaux d'ombre, de nuit, haillons dans la
lumière. À la table du Cercle, au Marinaio, même
l'éminent, l'érudit *dottore* Calproni, quand il
condescend à quitter Barletta son repaire pour
nous visiter, même ce savant, ce sage homme
refuse d'en parler ! Finalement, le coup de chaud
que je sens là, l'air étouffant, épais, comme brûlé,
me tirera peut-être de cette insupportable pensée
solitaire, de l'angoisse, du vertige de me savoir
absolument seul, le dernier dans Bari à voir, à
entendre ce que les autres, les yeux caves, ne
peuvent plus distinguer, et je pourrai fuir, filer

chez mon frère strada Zonelli, à peine plus au frais, mais à l'abri de la lumière blessante.

« Se discute alors l'emploi des deux, trois heures qui me restent avant l'extinction de la fournaise. Vais-je, cahin-caha, tapotant de ma canne en jonc, traîner vico del Carmine, histoire de rester dans la maigre frange de nuit pâlichonne et de frôler les charmantes boutiques à costumes de bains chamarrés, à fluides déshabillés pour dames ? Bla-bla, bla-bla ?

« Ou bien retournerai-je aux arcades ? Mais pas à celles de la place du palais Castruccio, oh non, pas dans la gueule brûlante de la vieille ville, plutôt aux voûtes du largo Torrefati, nocturnes en plein jour, obscures à se cogner aux piliers, aux murs, à se prendre le pied aux pavés déchaux, dans un bon fumet de cave, de moisi, de sous-bois, comme à la Cupagnana, naguère, en août. Ce qui me garderait d'y aller, ce seraient les ombres mangées de soleil, les sortes de silhouettes effilochées, presque embrasées, qu'on entrevoit sous la dernière arche, dans le rentré, le rencoin où s'ouvre le bar Nuovo... Le pauvret ! En fait de *nuovo*, il n'y a pas plus antique ou abandonné que ce recoin ! Pas que moi d'ailleurs à craindre cet angle mort, humide, malsain, et ce bouge, ce café où plus personne ne fréquente... Je veux dire : aucun homme digne, aucune élégance, ni tête fine. Que des faces plates, mentons baissés à se faufiler là, en silence, par honte ou indigence. Rien de bon… Sous la voûte non plus, rien de grand, d'aimable. Juste cette fraîcheur suspecte, presque un froid frissonnant, de caveau, de sépulcre.

« Et ce souvenir, là, de 47 ou 48, je ne sais plus – il vaut mieux ne plus savoir –, le jour que Liuto, Annibale Liuto, l'ex-partisan de Foggia, en promenade ici, me prend par le bras et me dit : "Viens ! Viens avec moi au bout de la galerie, à la dernière arcade, le coin borgne, à demi muré, çui du bar Nuovo." Et moi, moi qui étais jeune alors, je ne me fais pas prier, je lui emboîte le pas, je m'y précipite léger, curieux.

« Mais là, qui voit-on ? Ciel ! Qui ou que voit-on donc debout contre le mur ?

« Une forme portant cape aux épaules ! Oui : une sorte de cape de berger, de ce drap brun et lourd qui empeste la brebis en gésine, le lait caillé, tourné… Qui je vois, reconnais alors – et je le vois encore –, nous fixant d'un œil triste et gris, le cheveu tout blanc, mais frisotté, bouclé, opulent comme jadis, la bouche un peu tombante mais la même toujours, prête à parler droit, fort, parler que ça n'en finirait pas ?

« Qui ? Mais fichtre qui ?

« Par ma mère, la douce femme, et par le Christ, bien sûr, ou les saints que je crois tout de même un

263

peu, je vois de mes bons yeux de jeunesse le grand capé lui-même, l'endrapé le plus fameux d'Italie, du *Novecento* : Tonino, Tonino le Turinois, censé être mort dix ans plus tôt à Rome, après le calvaire de la prison de Formia, et le mouroir de Turi dans le désert des Pouilles ! Gramsci ! Tonino Gramsci soi-même ! Capé en berger. Et en Sarde, en sujet du royaume de Piémont-Sardaigne. Même que Liuto le partisan, lui qui avait maliné, plaisanté jusque-là – Dieu sait ce qu'il croyait m'emmener voir dans cette fosse moisie des arcades –, a failli le saluer bas d'un : "Majesté !"…

« "Un sosie, je me suis dit aussitôt, un *Barese*, un demi-fou pouillot qui se grime, frise et gomine comme l'autre, la gloire de Turin, et se montre ici, sous la galerie humide, grisâtre en plein midi, à l'heure vide où l'on craint tout…" Mais l'autre, de son œil perçant de chef qui devine et prévient les objections d'autrui, s'est exclamé avec force : "Vous deux, là, le petit maigre et le solide, le musclé – l'adjectif flatteur était bien sûr destiné à Liuto –, rappelez-vous toujours le nom que je vais vous donner : Biliaci ! Entendu ? Bi-lia-ci. Chef du conseil ouvrier à la Metallica de Mondovi, Piémont, en août 1920, pendant l'insurrection. Celui-là même que j'ai retrouvé en 34 derrière les murs de Formia, puis à la centrale de Turi. Son nom ne figure dans aucun livre des hommes, tous oublieux, injustes ! Il a été gommé, blanchi, effacé. On a jeté Biliaci dans l'ossuaire immense et sans fond des anonymes, des courageux, des héros dont on a perdu mémoire et souvenir ! Mais vous autres, cherchez, cherchez bien et vous saurez de lui !"

« À ces mots quasi bibliques, ou sibyllins, Annibale Liuto, l'athée, le ricaneur des choses sacrées, s'est senti mal, presque autant que moi, a chaviré d'un coup, pris de la gîte, et on s'est retrouvés à tanguer, onduler entre les piles des arcades, sous les voûtes, grottes sombres, dans une traînée de nuit nauséeuse. Je me tenais cependant un peu plus droit que lui parce que le visage d'un autre Biliaci m'était immédiatement revenu à l'esprit quand le berger sarde avait clamé sa demande véhémente, son mystère, son énigme : et celui-ci ne risquait pas de disparaître dans le troupeau des anonymes, puisqu'on lisait son nom calligraphié avec soin, peint en lettres éclatantes, géantes sur les calicots blancs, les bannières publicitaires qui annonçaient la plage de Torre del mare, après le Port neuf, sur la route de Trani. Ce Biliaci-là vendait – et ses fils, les Zaza, n'est-ce pas, les trois célèbres Zaza del Mare vendent toujours – des glaces pharaoniques, des sorbets multicolores, des douceurs empanachées de torsades crémeuses et immaculées aux familles de Bari, aux foules, tribus dévorées de chaleur et de soif qui s'entassent, se cuisent l'été sur la longue plage droite. Et d'imaginer que le glacier aux bajoues fatiguées, à la peau luisante et olivâtre, aurait pu troquer son calot et son tablier blancs, proprets, contre la chemise austère, quasi militaire, le foulard et le béret poudreux du partisan, qu'un cône de crème glacée se serait changé, par caprice du destin ou magie de conte de fées, en beau fusil précis, étincelant, l'impossibilité que ces deux hommes au même nom ne fassent qu'un m'avait instantanément noué d'un rire figé et violent, à soubresauts, ondes glaciales, coupantes mais absolument muettes, silencieuses. Ma mère aurait qualifié ce tressautement, cette excitation irrépressibles de rire imbécile, sot, nerveux. Oui, c'était bien ça : un rire nerveux. J'avais en même temps les convulsions du fou rire, le ventre durci, le diaphragme secoué par un ressort sec, métallique, et une peur molle, basse et lâche, une frousse honteuse, dégoulinante. Jamais je ne me suis senti aussi Italien que ce jour-là ! Je dis bien "Italien", et non homme du Sud, de la Murgia, ou du Tavoliere. Italien et donc condamné à détaler, déguerpir parce qu'on lui met sous le nez des fantômes, des irréalités, un royaume impossible, une république de bric et de broc, des apparitions troubles, des idées absolument fausses. Et il en faut, de l'héroïsme, du courage pour vivre dans un pays où tout est feint, faux, maquillé. Et plus encore pour mourir pour cet artifice, ce pays de songe, de carton peint, cette unité, union, fusion d'opéra, de chansonnette...

« Bref je tournais le dos au fantôme, je m'en éloignais le plus vite possible, je voulais oublier les années noires, la guerre civile et surtout la mort de Tonino, la mauvaise conscience attachée à son calvaire, à sa misère de prisonnier, d'interné... Un crime collectif, je me suis toujours dit, un assassinat lent, sur quinze ans, que personne en Italie n'a empêché : ni les bourreaux, les sbires, bien sûr, ni le médecin pénitentiaire de Formia, ni celui de Rome, ni ses camarades trop inquiets de voir cet homme fragile et courageux survivre à son martyre, incarner seul, au moment de la Libération, la souffrance, l'humilité, la ténacité...

« Personne, oh non, personne n'a tenté de sauver le Sarde ! Et encore moins Liuto ou moi, qui étions des tout petits, des trois fois rien... Mais on courait, on fuyait de n'avoir jamais entendu murmurer son nom, de ne l'avoir lu nulle part, dans aucun tract, de toute la guerre, de l'avoir laissé décliner, brûler de fièvre, mourir seul, oublié... C'est sans doute pour ça que le jour où on a retrouvé le cadavre d'Aldo Moro via delle Botteghe Oscure, entre le siège du Parti, des bons amis de Gramsci, et celui de la Démocratie chrétienne, je me suis remis à tanguer, tournoyer, que j'ai été repris de ce même rire étouffé, de ces spasmes muets, mécaniques, douloureux : une fois encore, on préférait que le gêneur tombât. Tous, tous les "Italiens", les sujets improbables d'un pays irréel, préféraient son exécution, le cadavre dans le coffre de l'auto...

« Liuto, le partisan Annibale Liuto n'a jamais voulu évoquer l'homme triste qui nous était apparu et nous avait parlé d'impérieuse et obscure manière. D'un geste il en écartait le souvenir, la voix, la peine. Une illusion ! Un délire ! Un remords, le remords d'après-guerre. Et puis Liuto est mort, jeune encore. Il payait son courage, sa blessure au torse, une couture rose et charnue, zigzagante, qui lui zébrait le coffre et qu'il avait prise comme une mauvaise maladie, un virus sournois qui finit par vous avoir, dans les combats sur Venafro, Montecassino, quand il faisait le volontaire, l'engagé avec l'armée de libération nationale, la division Ponante, la fameuse, celle de Malaparte...

« Ses obsèques, mon Dieu, je les revois, là, d'un coup, dans le détail, le menu, que c'est incroyable, que ça ne m'est jamais arrivé de tout retrouver ainsi... Tambours, oriflammes, il y avait tout ce qui nous émeut, nous autres, à San Severo, le cimetière pelé, gravillonneux de cette banlieue de Bari. Même une petite vieille maigre, bossue, rivée à son bâton d'aulne clair, blanc comme l'os. Un des anciens de la division Ponante me l'a présentée : "Une fidèle de l'Amicale des anciens de la Ponante, où son mari s'est illustré. Madame veuve Biliaci, l'épouse du héros de Mondovi, 1920, le camarade de prison d'Antonio Gramsci en Campanie et dans les Pouilles !"

« Au lieu de lui présenter mes hommages, de murmurer des mots humbles, des douceurs, de regretter que le pauvre Liuto, ce grand timide, silencieux et discret, ne m'ait jamais parlé de son compagnon Biliaci, de son camarade de la division Ponante, je me suis entendu clamer fort et net, grossièrement, une phrase dictée par la bêtise, la lourdeur, autres noms du diable, qui existe, lui, le salaud, l'ordure, une phrase blessante, à la lueur basse, trouble : "Mais vous, Madame, est-ce que vous savez qu'Antonio Gramsci n'a pas été mis en terre, au tombeau, au repos, qu'il erre parmi nous, traîne oublié, guettant, espérant un secours, une aide de ses anciens amis ?"

« Ma voix sonnait vide au soleil désert, gris et nu qui brillait au zénith, au midi, à l'aplomb du gravillon blanc, des alignements de marbres frottés.

« C'était le soleil, oui, le sale soleil d'ici. Et je ne sais pourquoi je me la raconte encore, cette histoire que je connais si bien, je ne sais pourquoi je me redonne du détail, du précis : la veuve Biliaci, là, sur la place brûlante, le palais Castruccio, ou le gravillon, le caillou du cimetière… Et puis le bar Nuovo, sa gueule d'ombre glaciale, je ne sais, je ne sais… Et le Sarde qui se montre là, qui essaierait une deuxième fois, le bougre, le dangereux, ce qui n'est pas bon signe, pas du tout… On dit même que la deuxième apparition, c'est la pire, porte-poisse, très funeste… Je ne sais pas pourquoi, moi, y'a tout ce danger, mais je ne suis pas fou non plus, et je n'ai rien à faire ici, à midi, pas d'"affaires", d'argent étincelant à ruminer, extorquer en déjeunant, donnant des coups de fourchette, des coups déments, alors je m'en vas, comme on dit à la Cupagnana, je m'en vais, je tire ma révérence à la place, au soleil, je rentre siester tranquille, ronfler fanfare, en noblesse : c'est la dernière grandeur, un triomphe à la romaine. »

CHAPITRE 16

Le mot secret de la Dottoressa

Ce soir, Beppé nous échappe.

Il évite le Fidori, l'avenue du Vingt-Septembre, bousculée, assourdissante, et la via d'Azeglio, plus calme mais scrutée, épiée par les cinq fenêtres de l'appartement de sa mère, « *mamma bella, bellissima* ».

Il essaie d'oublier Térésa, sa ménagère lente et sévère, qui est encore à frotter, briquer son antre, le trois-pièces à lambris roux, boisages cirés, la chambre sombre, le bureau mort, poussiéreux, le séjour blanc, une lumière, une vitrée haute, les reflets du soleil énorme, engraissé d'heures, qui roule vers l'horizon.

Il s'échappe empressé, petits pas, grande suée. Il se répète qu'il nous a eus, bien eus, tous, la bande, les pénibles, et d'abord Pinzolo le fouineur, ou

Tisicuzzo le jugeur. Il rit tout seul, même, comme s'il nous avait semés, feintés, comme si l'on pouvait se faire oublier, disparaître dans Foggia.

Aussitôt il pousse la grande porte du Gardella, l'antique auberge, le vénérable restaurant à plafonds hauts, voûtes rondes, creusées loin, profond dans la roche brune, la pierre douce au toucher – une cave longue et tiède, la seule grotte ou caverne de la ville qui s'ouvre au creux d'une combe fine, ravine étroite, juste derrière l'église du *Calvario*. C'est un fossé oublié, par là-bas, une faille discrète et fraîche dans la terre plane, le Tavoliere poudreux, une fosse, *una foggia*, comme on disait jadis en dialecte, avant que tout ne soit bombardé.

Sous l'arche la plus lointaine et la plus sombre du Gardella – une sorte d'abside, de nef tronquée –, le patron, Santo Meluno, a fait construire une estrade perchée qui domine le restant de la salle, l'agrandit, une galerie de bois mal équarri, doré comme s'il venait d'être tranché, des poutrelles, des planches qui embaument encore la forêt de la Sila, l'Aspromonte. Santo Meluno a disposé là, à toucher la clef de voûte, quatre ou cinq tables, des carrés de bois ciré couverts d'épaisses, de voluptueuses nappes en coton blanc, éblouissantes dans la pénombre, la douceur. Se hissent sur l'estrade les habitués, les initiés de la vieille ville, et quelques timides ou grincheux effrayés par le tintamarre de la salle d'en bas, et Beppé quand il veut voir sans être vu, regarder les siens tranquille, comme s'il était en voyage dans une ville énorme, inconnue.

Et c'est un soir où l'on peut voir à plaisir, à satiété : la foule grouille en dessous sur les dalles usées, fendillées, se bouscule au comptoir, au marbre sombre, lissé – la courbe, le galbe d'une rampe longue à Caserte, à Lecce, dans les palais.

Il a repoussé sa chaise, s'y est calé en retrait, dans le creux sombre, enfumé du rocher et, prudent, figé, il surveille à l'aplomb une tablée bruyante, agitée, il fixe, dévore sans ciller la femme grande, la brune à la peau blanche qui triomphe, rit fort, la *Dottoressa* illuminée qui règne sur son escorte, sa marmaille et son homme courbé, le terne Rémolo, une ombre commune, effacée.

Deux fois la semaine, ils viennent ainsi dîner, et Beppé se glisse au perchoir les guigner, les observer.

Pour l'instant, il écoute la belle parler, la voit secouer la tête, les mains, lever à peine un bras nu, une beauté. Les mots qu'elle lance nets, droits dans la rumeur, le brouhaha, Beppé n'en saisit pas la moitié : elle a beau les articuler, arrondir ses lèvres rouges, ils sonnent lourds, étranges, presque étrangers, un vieux dialecte, le parler pesant, serré du Salento, vers Tricase. Mais ne pas comprendre la langue d'une femme, d'une Italienne est un des plaisirs de Beppé, le plus grand étant de lui parler mal son patois, le sabir de sa province, de son village, d'y faire des fautes, des bourdes qui la secouent de rire et lui donnent l'occasion de le reprendre, de le corriger. Souvent, au Fidori, on a entendu Beppé expliquer : « Chez nous, dans le Midi, tu changes de ville et tu ne te comprends plus ! Dante, le Toscan, le gars d'un tout petit pays, il aurait voyagé au sud, il n'aurait rien compris ! »

Être corrigé par la *Dottoressa*, quel plaisir ça ferait ! Elle mettrait ses mots nus, fermes et luisants sous le nez de Beppé, les lui glisserait en bouche, lèvre à lèvre, dans un souffle, ou mieux lui donnerait la tétée ! Beppé couché sous elle avalerait la pointe large de ses seins ronds, énormes, leur fleur violette, épanouie, sucerait le lait tiède, douceâtre en même temps que les mots très anciens, secrets, gardés et chauffés par ses aïeules.

Car la *Dottoressa* est une louve antique, une beauté de deux mille ans, une brune à la chevelure noire, opulente, bouclée, une femme forte des hanches, au ventre rond, durement bombé : un bonheur latin, romain, une servante de Priape et d'Éros, la richesse !

Et la poitrine d'une géante : chaque sein, se dit Beppé, a le volume d'une bonne grosse tête d'enfant. Et une fermeté, une raideur qui sont un mystère, car malgré le temps, les allaitements, ils demeurent ronds et droits, ne bougent, ne tremblent jamais, un marbre de musée, l'Aphrodite, la Vénus.

Un rêve de Beppé : qu'il y ait une alerte dans le restaurant voûté, une irruption de pompiers, de police empressée au fond des grottes brunes, sous la terre tiède, parfumée, et la *Dottoressa* serait obligée de se lever, de quitter brusquement la table, de courir chemisier défait jusqu'aux portes vitrées, de remonter le raidillon étroit, tout affolée, précipitée : alors bondiraient ses appas, ses seins nourriciers, et elle serait la Belle du Sud, l'Étoile nue retrouvée.

Il peut l'entendre parler des heures : sa voix grave, arrondie, par instants s'éteint, tremble, faiblit comme elle fait quand elle serre aux bras, languit. Puis les mots pressés, rythmés reprennent réglés, filent leur ascension, montent larges comme pour exploser, un bouquet, du feu, des lumières. Mais aussitôt soufflés, vidés, ils retombent cendre tiède, des plumes, bribes, brins de paille.

Pendant que la belle parle bas dans la salle, la grotte, enroule sa voix lente aux fumées du tabac, Beppé pour se tenir, se calmer, lit avec application et froideur un exemplaire froissé, bouchonné de

La Gazzetta del Mezzogiorno, un journal banal, écrit en italien commun, ordinaire, sans une once d'Éros, Aphrodite ou Priape.

Mais dans le vacarme, le chœur des voix qui clament, Beppé ne distingue plus que les paroles, les éclats de la *Dottoressa* : « La mère… ma mère… la grand-mère… la *nonna*… » Elle se met à égrener une litanie, une liste longue, d'un ton soudain changé, froid, pincé, une glace sans tristesse ni sanglot, ni pleurnicherie mouillée. « Toutes, elles l'étaient toutes. Et leurs sœurs aussi, et les cousines. Alda Moratozzi, Rina Corta – la Courte, la Naine – Valeria Romana, Flaminia de Zonzi. Toutes ! »

Brunes, peut-être ? Elle veut dire qu'elles avaient le cheveu charbon cassé, noir étincelant ? se demande Beppé surpris, anxieux de ne pas comprendre. Et il voit aussitôt leurs tresses noires, le reflet sombre de leurs nattes au soleil mort, vide, et les aïeules, les ancêtres de la *Dottoressa*, des milliers, serrées l'une contre l'autre, alignées comme pour la photo, la photo finale en noir et blanc, celle que prendra le Christ ou Dieu le Père au dernier jour, avant que cesse la comédie, tombe le rideau, qu'on soit enfin jugés : toutes brunes et noiraudes, jusqu'à Ève la belle, la mère des mères, la première moricaude de l'Umbra, des Pouilles, du Salento.

« Mais maintenant, c'est fini ! Fi-ni ! tonne la voix de nouveau grave, basse, un ressac, un grondement contre les parois de la grotte, le roc. Nous ne le serons plus jamais ! Vous entendez, messieurs ? Plus jamais ! » Et en riant elle ouvre grand la bouche, pointe une langue souple et rouge, dardée, luisante.

« Plus jamais la robe élimée de la *nonna*, les lambeaux du même chiffon qui la couvraient à peine dans les rues dévastées de Tricase, trou fameux du Salento, au printemps 44 ! Plus jamais les dix lires économisées en secret par ma mère, cachées, dissimulées au père qui pour ça l'aurait tuée ! Ni ce rêve idiot de toute une vie, l'attente trompée, toujours déçue de voir le linge sale tourner seul, chuter, rouler dans le tambour nickelé d'une machine blanche, mafflue, obèse. C'est comme ça : nous, les Italiennes des Pouilles, ne serons plus jamais pauvres, crottées, honteuses ! »

Elle glapit, la *Dottoressa*, elle ricane bouche fendue, taillée, tranchée large, mots pressés, rougis au sang, luisants, elle scande, elle rugit !

Tricase, le Salento, la *nonna* : Beppé se rappelle. La voix vibrante, enjôleuse avait soufflé : « Viens, suis-nous, promenons-nous sur les traces de ma grand-mère, un petit tour, rien qu'un. » Rémolo conduit l'auto du dimanche, la beige à nez pointu,

une fouine, berline fine et rusée. La *Dottoressa*
se tient dignement à ses côtés et, comme on dit
à Bari, « fait la route » : à chaque croisement,
elle choisit le chemin, délicatement, et sitôt le
commente, raconte, brode de ses histoires, souvenirs. À l'arrière, énorme, géant, écrasé entre le
dossier des sièges et celui de la banquette à peine
assez large, profonde pour sa grandeur, son ventre,
la panse, les rondeurs, Beppé somnole bercé, béat
du voyage, des cahots, de la secousse.

« Ressa » – comme l'appellent, la surnom-
ment les intimes, le mari, Beppé – décrit une fois
encore et de mémoire une photo, une toute petite,
la seule que la *nonna* aurait gardée de sa jeunesse
à Tricase : on dirait même qu'elle la brandit
dans l'auto, sous le nez de Rémolo, qu'elle agite
le carton effrangé, le cliché jauni, la silhouette
maigre d'une gamine de treize, quatorze ans,
en haillons, le menton et les mains noirs de suie
grasse, mais qui sourit, dents blanches, fossettes
aux joues, l'œil net et moqueur. Pour être pile
dans l'axe de l'appareil, au centre du cadrage, elle
a obéi docilement aux ordres du photographe, elle
s'est hissée en équilibre au sommet d'un tas de
gravats, pierres cassées, briques fendues. Derrière
elle, dans l'ombre grisée, hachurée, on distingue
une perspective vaguement géométrique, un
double alignement de maisons basses, de façades

écornées, crevées : la grand-rue de Tricase après les combats de 44, le retrait des Allemands, des blindés.

Fière, rieuse, elle fixe également pour toujours les trois de la voiture, de la promenade du dimanche, indifférente aux virages, au tangage, à la gîte du carrosse beige, de l'auto neuve et souple, fonceuse, un confort, la volupté... Et moi aussi elle me dévisage, me scrute : depuis que Beppé m'a fait son récit, la balade, la route à lacets, pentes raides, brutales, la *nonna* me tient agenouillé devant son image, son portrait, sous le feu des yeux noirs. Et les gens de Bari, les amis à qui je me sens obligé de rapporter tout ce que je glane au Fidori, la voient comme moi, ou Beppé, ou Rémolo : un regard sombre et violent, mais rieur, léger, la joie au pied des ruines.

Dans l'auto, Beppé avait pensé au photographe : un Américain sûrement, un auxiliaire des services de propagande de la 6e armée, celle du général Clark qui remontait le Mezzogiorno vers Rome et avait besoin d'images à foison, par milliers et millions, des visages, gestes, poses, postures qui diraient comment aimer, saluer le vainqueur, le triomphe... La gamine s'était pliée aux demandes du soldat, avait fait l'acrobate sur sa pyramide de cailloux, de débris, jusqu'au déclic elle avait joué l'obéissance, l'enfant sage, et puis, au moment dernier, elle l'avait toisé en riant, fixé les pupilles bleu tendre, pâles et dorées, irisées de vert, couleur du ciel et de la terre là-bas en Amérique. Et maintenant, c'est elle qui le tient dans sa mire, le vise au front, au cœur, et tous ceux qui détaillent le cliché, le cartonnet fané, sali, et nous autres, les voyeurs, les coups d'œil par en dessous, le Fidori, Foggia la curieuse, Barletta, Bari…

Parfois, pour imiter le geste du photographe enfonçant le poussoir, la *Dottoressa* claque des doigts dans l'auto et se penche sur Rémolo ou tourne lentement le buste, ses épaules nues vers Beppé immobile à l'arrière. Mais c'est juste pour souligner le nom aimé, admiré de la *nonna*, sa force, son éclat, qu'elle fait retentir le claquement sec, en rythme, en rafale, un crépitement sous le toit de tôle bombée de la berline, une vulga-rité, pense Beppé, une crétinerie empruntée aux silhouettes, gnomes, monstres télévisuels, un geste stupide et bas qui ne s'accorde pas avec les vitres étincelantes, élégantes de la voiture illuminée par le soleil las, ras, vespéral des promenades somno-lentes sur les routes vides du Salento.

Et les doigts claquent encore sous l'arche ronde du Gardella, résonnent aux parois de la caverne, de la grotte éclairée doucement de lampes voilées, ambrées – la lumière feutrée des soirs lents à s'éteindre. Ils s'entrechoquent, sautent, osselets tapés, heurtés, le squelette de la belle demain morte, brisé, disloqué.

Du bout de la table, Ressa tend les mains, les bras vers Rémolo, les ouvre grands, l'enlace, le serre au cou, aussitôt lui murmure, grommelle des mots brefs, des douceurs, sucreries on dirait, une de ces phrases d'amour, un de ces refrains crétins qui font tomber pâmé, enflammé à jamais. Mais d'un coup elle retire ses lèvres de la peau, face blême du mari, et de sa bouche rouge, mouillée, d'une voix assez forte pour que chacun dans la salle l'entende, la comprenne, elle laisse filer, rouler deux syllabes basses qui chutent vite et sonnent sourd au pavé : « *Il mi, il mi…* », elle ânonne, répète, « *il mi, il mi…* », un prénom d'abruti, pense Beppé, le baptême d'un vieux bougre, gardien de chèvres calabrais, ilote, illettré, demi d'homme, mi d'esclave arriéré…

« *Il mi-glio…* » elle poursuit, elle ajoute en riant, clown au cirque, masque hilare et braillant. « *Il miglio-o-o…* » elle chantonne, zinzinne narquoise, tenant long la note, l'écho, la voyelle grave et mâle, le *o* viril, italique, le *o* romain, impérial, tellement beau et antique… « *Il migliore* ! » elle achève soudain, clôt le bal, un final en musique ! « *Il migliore ! Le meilleur* ! Le meilleur ! » elle redit s'esclaffant. Et aussitôt elle lève un doigt sévère, solennel, le pointe à la voûte, à l'estrade de planches où muet, surpris, troublé, Beppé se dresse d'un coup, se grandit, s'érige, cocher vainqueur en son char glorieux, triomphal. « Le meilleur, je suis le meilleur ! » se dit-il stupide, tremblotant, « le meilleur ! » il marmonne tout renflé, dardé d'orgueil, prêt à pleurer sur lui, nigaud, larmoyeux, ou à saluer la foule, la cohue beuglante des clients nez levés. « *Il migliore !* » reprend Ressa avec le cri, l'hystérie du speaker, reporter, bavasseur qui hurle et crache dans le poste, les antennes, la radio, décrit la course aux chevaux, les bourrins, les canasses, les jockeys, les auriges, les esclaves attelés.

Mais voilà que Beppé se fige, l'œil triste, le front terni. Une sale pensée l'assaille, le refroidit, un souvenir pénible, inattendu ici, une ombre épaisse, alourdie... Pinzolo ! Oui ! Pour incroyable que cela paraisse, le fantôme de l'encombrant, de l'entêtant Pinzolo s'invite au restaurant Gardella le soir du triomphe viril de Beppé, du sacre de l'homme Priape, de l'homme colonne de chair, durci, bandé ! Le pire étant toujours sûr, rôdant et guettant sans répit, l'idée sournoise du raseur, de l'espion Pinzolo s'est insinuée, glissée aigre aux agapes, à la table des dieux ! Certes, le contrôleur armé du poinçon, coiffé du képi ne s'est pas avancé en personne sur l'estrade, sur les planches où trône Beppé, mais plutôt son idée vague, sa forme floue, imprécise, un brouillard, une fumée… Pourtant on jurerait qu'il est là, mauvais témoin, mauvais augure, et que la scène se fait avec ses phrases à lui, ses bassesses, car les deux petits mots de la *Dottoressa* – «*il migliore*» – étaient justement ceux que Pinzolo avait saisis et aussitôt volés à l'interphone, à la grille grésillante du Palazzo Rosa, via della Conca d'Oro, le soir où il avait suivi Beppé depuis le train, la gare, le soir où, foudroyé d'entendre l'éloge, le compliment, la palme décernés à l'homme de Bénévent, il avait manqué se faire broyer, écrabouiller par les tôles bringuebalées d'un camion bouffi, grossièrement chargé. À l'instant même il avait filé raconter, répandre la parole incroyable, les deux mots secrets au Fidori, au buffet de la gare, au cercle Eracleo, les culs-de-basse-fosse où sa luxure, son vice, sa curiosité aiment à bouillonner, distiller leur fiel. Il avait crié aux autres que Ressa, l'étoile ronde et nue du Sud, avait élu comme favori, amant préféré, le flasque et mol aurige, Beppé Del Sannio, l'homme de la Strega, des liqueurs, l'exilé, l'oublié, le fils en pâte souple et grasse qu'Anna sa mère pétrit, frotte, secoue !

Dans le silence qui suit son geste – le doigt impérieux tendu vers les hauteurs, le signal des aïeux, des césars, des héros, l'ordre auquel nul homme viril, fils de la louve, *ardito, tifoso*, ne peut, ne saurait résister –, la *Dottoressa* hilare lance d'une voix soudain narquoise, cassée, étrangement voilée : « *Il migliore… è il miglione !* Le meilleur… c'est le million ! Le million ! » Et devant la tablée, Rémolo, les clients un moment stupéfaits, muets, elle répète la phrase entière, le refrain, le vrai secret : « Le meilleur, messieurs, c'est le million ! » Et pour mieux la scander, elle se met à taper, en rythme, du poing, des pieds.

Le sésame ! La formule réservée à Beppé ! Le mot de passe qui lui ouvrait la porte interdite, tellement désirée, l'escalier à coins sombres, le salon, le cercle des fauteuils, des voyeurs savamment rangés autour de son siège à elle, inviolé, intouchable ! La parole complète, codée, cachée, que Pinzolo le sourd, le maladroit avait heureusement tronquée, découpée, lui qui n'a pas le million, le sou, l'Or, un employé d'État, des chemins de fer, un rien qui ne peut même pas frauder, voler, resquiller, ce que tout Italien doit faire, s'il est bon, ferme, gaillard, s'il aime à souquer dur, profond, sans arrêt… Le secret ! Le secret de Beppé, de Ressa, ici livré, jeté à l'aubergiste, au mari, aux loufiats ! Et Santo du comptoir qui s'esclaffe bruyant, bavant, groin et naseaux levés vers les planches, les hauts, l'inaccessible, Santo qui pérore, commente, fait l'initié, le blasé, dit que c'est fameux, ça ! du slogan ! tout Ressa ! Qu'elle doit le mettre aux affiches, placardages, nue dessus elle serait, offerte, ouverte, vendue, la candidate aux hommes, aux mâles, à l'argent empilé, à l'Italie levée, durcie, dressée... Aux urnes alors on irait tous foutre, fourrer nos billets, des verts, des cinq cents pièces, plaques, quincailles... Et le programme vainqueur, unanime, ça serait qu'on paierait cher, ruineux, des sommes, des billions pour la tenir fort chacun son tour, la prendre, la trousser ! Et c'en serait fini des femmes pauvres, haillonneuses, des mendiantes, des souillons, des pouilleuses...

« Oh, *signor* Giuseppe del Sannio ! s'interrompt l'aubergiste d'une voix grasse et louche, graveleuse, vos pâtes, vos pauvres pâtes ! Quelle pitié ! Paolo qui vous sert au perchoir m'a dit tantôt que vous n'y aviez pas touché ce soir... Vous savez ce qu'on raconte chez nous : l'homme qui les mange pas brûlantes, d'un bon coup, sans souffler, il sait pas y faire ! Il sait pas y faire ! »

Mais Beppé reste debout, raide, à regarder en bas la foule, la cohue et Ressa rire à gorge nue, étalée, secouée. Pour l'attendrir, l'apaiser, elle lui décoche un menu sourire, une mine, sa moue enjouée, une faveur sirupeuse, alléchante, miellée. Et Beppé lentement lève une main à hauteur de poitrine, la rabat contre le veston renflé, la poche portefeuille, porte-flingue, liasses épaisses, lourds dollars, gros calibre, bons billets, puis de deux doigts tapote la bosse, la richesse, le plomb, fait la bouche étroite, décidée, et laisse tomber froidement sa réplique, une sentence à écoles, à cénacles, conférences, séminaires distingués : « Santo, Rémolo, vous savez bien ! Quand les pâtes étaient faites par les mères, les grands-mères – oui, oui : même et surtout dans les restaurants –, Giuseppe les mangeait, les dévorait brûlantes, *al dente* ! Mais maintenant que les filles, les femmes sont riches à banques, à millions, ce que touillent aux fourneaux les bonshommes tristes, esseulés, c'est à vous plâtrer le ventre, l'appétit, les passions… Aussi suis-je bien heureux de ne pas toucher mes pâtes, de les regarder refroidir dans leur plat, leur assiette ! Et des heures j'y arrive ! Une discipline, une méditation ! Des soirs entiers je rêve, me rappelle… Le souvenir, les visions lentes, les délires, il n'y a plus que ça qui pourrait nous sauver ! Alors les *farfalle*, les *conchiglie* font les belles, les douces à mon idée, odorantes et girondes, longues à s'oublier, et se plient, se donnent à ma main, ma bouche, ma langue en garces souples, rouées… Comme il plaisait naguère, comme il ne sera plus. »

Et tous, et lui, de rire ensemble, chœur grinçant, braillard, notes fêlées, rauques, faussées, une chute, dégringolade du ciel, du zénith de l'estrade, une clameur panique, horrifiée sur les dalles dures, brisantes, souillées, où piétinent et tournoient la valetaille, la marmaille affolées.

CHAPITRE 17

L'Italie la nuit

« Alfano ! Alfano ! »

C'est Nardo qui crie ça, fort, très fort, les mains en cornet, en porte-voix.

« Alfano ! » il lance encore, une tristesse, un trémolo dans la voix, on dirait. « Suffit, Alfano ! Descends, maintenant... »

La voix est retombée, sourde, malheureuse, elle a juste roulé à la pente, aux cailloux gris, au pays de pierre tout autour. Et Nardo regarde loin devant lui, sur une hauteur, un épaulement de la colline, l'ombre bleue d'Alfano qui monte, monte à grands pas, échelle sans effort les graviers, les caillasses, danse, saute sur les pierres, un trait fin maintenant, une lame d'argent terne dans le soleil qui frappe la pierraille, le sentier presque invisible.

Nardo, *zio* Nardo, l'oncle d'Alfano baisse le nez, se retourne vers nous, pas trop vite, embarrassé, gêné on dirait. Et puis il nous toise, la vingtaine qu'on est à le suivre, une petite colonne, cohorte de têtes brunes à la file sur la pente raide. Il nous regarde dur et il explique : « Ce qu'il va vite, ce gosse ! J'arriverai jamais à le rattraper : il marche pas, il grimpe pas, il vole ! Vous entendez : il vole ! »

Nous autres, immobiles, essoufflés par l'ascension, les galets cassés, coupants aux pieds, aux croquenots, on cligne de l'œil, on baisse tant qu'on peut les paupières, leur voile noir, pour essayer de suivre, deviner le gamin dans la lumière fixe, aveuglante.

Seize, dix-sept ans, quand même, Alfano : pas sûr que ce soit un gosse, un gamin, qu'on puisse dire ces mots-là. Pas sûr, puisqu'il est grand, immense, deux têtes de plus que l'oncle, que les cousins Donato, Nunzio, et que son père bien sûr, Michele Calproni, le baron Calproni, celui des oliviers, du moulin à huile, qu'il dépasse en force, en violence aussi.

Au départ, dans le matin, il était déjà devant la bande, le troupeau. Il a gravi seul, comme un fou, le sentier à chèvres qui sort de Matera, le raidillon qui monte du fond de la ravine, de la ville tassée, étouffée dans sa combe, cernée de falaises blanches, nues et pelées. Il a bondi sur le chemin tordu, levant une poussière grise, épaisse, dès le bas du goulet, et nous, le troupeau, la bande à la traîne, on ne savait pas s'il fallait forcer le pas sur la pente, la pierre, le suivre, ce fou, cet envolé qui marchait tellement vite, à grandes jambes, longues et fines, qu'on se sentait abandonnés, lâchés, perdus.

Et pourtant, on le connaît, ce raidillon : depuis les pères de nos pères, on le connaît ! On ne le prend que deux ou trois fois l'an, mais pour des occasions, des événements : Noël, les Rameaux, la Pâque surtout – le Rachat, le sang neuf qu'on sent quand le Christ se montre dans le soleil étincelant du printemps. Ou comme maintenant, pour la Saint-Pancrace. Tous, alors, on y va sur ce chemin dur, tous ! Ceux qui viennent d'aussi loin que moi, des ports de la côte, Barletta, Bari, Brindisi, et puis ceux de Matera, juste en dessous, la ville sèche, la fosse aux caves, aux *sassi* où il n'y a pas une maison qui ne se vide.

Mais ce matin, on a vite renoncé à rattraper Alfano : il enjambait le monde, ce gaillard, on se disait. Il n'était plus comme nous, il était porté, emporté par là-haut, une force, une sève bouillonnante qu'on ne connaissait pas, nous autres. Il valait mieux traîner, cheminer lent, pénible, comme on pouvait...

Maintenant, presque à midi, l'oncle Nardo s'inquiète. Il murmure : « *Cazzo*, putain, ce qu'il va vite ! C'est le dernier de mes neveux, le plus jeune, mais pas le plus empoté ! Qu'il se calme, qu'il s'arrête un peu, tout de même ! À quoi ça sert d'enjamber, de filer ? Si encore il était bigot, agenouillé, ce petit, mais il est comme moi : il vient pour la promenade, le sentier, pas pour les galéjades, les bondieuseries. »

L'oncle s'est arrêté, essoufflé d'avoir forcé le pas si longtemps, et d'avoir parlé, crié à tort. Il se tient immobile, sur une butée, à regarder notre petite troupe qui s'égrène plus bas, sur le sentier aride, poudreux. Et plus bas encore, à trois ou quatre minutes de marche, on voit s'avancer une autre colonne, une foule dense, innombrable, des gens qui vont lentement, deux à deux. En tête on distingue un gars blême en aube blanche, qui tient à deux mains la hampe lourde d'une bannière, d'une broderie sang et or qui balance, oscille dans le vent.

Sous le ciel argenté, noué de veines noires, saillantes, Nardo a l'air de vouloir nous parler, nous sermonner. Comme si on n'attendait que lui ! Comme s'il était notre guide chevelu, dépeigné, broussailleux, l'exalté, l'emporté qui nous mène ! En vérité, on n'en a rien à fiche de ses histoires, de ses mots pressés, on est juste essoufflés, fatigués, tous...

Mais lui, dans sa tremblerie, se met à éructer : « On monte les premiers pour être bien placés, là-haut, pour guetter tranquilles la chenille, hein ? Tandis que l'autre, Alfano, on sait pas ce qu'il fricote, hein, on sait pas. » Et il grommelle un juron, une insulte, répète plusieurs fois son mot de « chenille », fait de la main un lent zigzag, les virages, lacets de la procession dans les pierres, les ruines, puis baisse le nez, regarde en contrebas la foule, le troupeau qui monte, le flot qu'on devine serpenter loin, très loin, au fond de la ravine, des rues abandonnées, un ruban tortillard et traînard qui ondule visqueux, luisant.

On repart plus fort, maintenant, une file noire, entêtée, qui moutonne, gronde, se pousse.

J'ai la gorge plâtrée de cette bousculade, la langue épaissie de soif, mais je ne toucherai pas au bouteillon de belle eau gelée prise à une fontaine de Matera, je n'y goutterai pas avant la chapelle, la cohue muette, effrénée devant la statue, les reliques, les osselets blanchis du saint, du bonhomme Pancrace, son crâne doux, étoilé au front, aux tympans comme la caboche d'un enfant bagarre, cogneur...

Là-haut on sera rendus ! On pourra boire, s'étendre à la terre incommode, attendre les autres, le défilé ! On s'emplira l'œil de l'horizon immense, du pays désert, poudreux, presque blanc. Et puis le troupeau déboulera, les premiers rangs, des bizarres souvent, pas les vieillards, les enterrés des *Sassi*, des grottes, mais ceux de la Roviglia, le quartier des tanneries, qui empestent la rouissure, le cuir suri, fétide, la charogne. Et on sera cinq cents, un millier déjà, à se serrer à droite du chemin, sous la chapelle. Le ciel d'après-midi commencera de tourner et ceux d'en bas n'en finiront pas d'arriver.

L'oncle soudain se remet à crier : « Faut qu'il arrête, Alfano ! Ça m'inquiète qu'il file toujours, l'escogriffe. Il a pas pris la foi, tout de même, ce gamin ! Il est comme son père, ses frères, moi : des bougres impies, tous, des mangeurs de curés ! Il va pas trahir sa tribu, sa parentèle : le baron, son père, il n'est pas entré à l'église depuis sa communion !

– Suffit, toi ! » lui rétorque Gelsemina, qui vient de Barletta comme Nardo, et qui est large, courte, empaquetée dans un manteau brun, et traîne sa fille lourde d'un seul bras. « Suffit Nardo ! Ta Lucia sucrée, ta femme à fourrure, n'est pas là pour te tenir, te calmer ! Et je ne veux pas que tu souilles rien, aujourd'hui… Alfano, peut-être qu'il monte parce qu'il porte sa couronne d'épines ! Ça arrive, non ? Même aux plus mécréants. Et lui, ça fait deux jours qu'il porte une offense, une blessure, du sang versé. Deux jours que ça doit te rendre jaloux, Nardo, les coups, les crachats qu'il a reçus ! Jaloux, c'est sûr ! D'une pauvre salissure, d'un horion tu es jaloux, maintenant… »

Gelsemina se tient plus bas que le *zio* sur la sente, dans l'éboulis, les graviers crissants, la poussière, et elle crie, elle braille comme dix femmes de la ravine, des *Sassi* : « C'est pas toi, feignant, qui fiches rien de tes journées que des tours et des tours en auto, le bar Fidori, tes copains de Foggia, c'est pas toi qui aurais reçu la couronne au front, les blessures, les coupures ! T'entends ? Pas toi ! »

L'oncle se met à ricaner : « Bêê ! Bêê ! Ça moutonne, dame, ça moutonne ! Ça bêle ! Ça fait le mouton à curés, à sacristies ! Le troupeau bigot ! Faut défendre le petit ange, le chéri de ses dames, le dernier Calproni ! Des fois qu'il se rachète, hein ? Qu'il s'agenouille bien sage, lui qui a la mauvaise vie, les quatre cents coups, les bêtises… Tout ça parce qu'il s'est bagarré l'autre jour, a reçu sa raclée, s'est apparemment bien défendu – comme je lui ai appris, d'ailleurs, quand il était gamin et que je l'avais en vacances à la *masseria* avec la ribambelle de ses grands cousins, Donato, Nunzio, et lui, là, Giovan l'exilé, le moitié Français. À bonne école, il était, le vaurien… Mais toi, Gelsemina, t'es piquée des curés ! Rongée, dévorée !

– Tais-toi ! Ils étaient trois contre lui. Trois Carabines, trois policiers ! Tout le monde les a vus, tout le monde le sait. Les Carabines l'ont frappé, tapé, au moins dix fois ! Et moi, je sais compter, c'est pas comme d'autres qui traînent leur paresse, s'embrouillent, se mélangent les idées. » Elle est partie, Gelsemina : elle a la voix qui lancine, geint, monte aiguë, perçante, puis tombe lourde, sourde, et reprend, s'élève, file au ciel : « Tonnello le tient, le serre, Tonnello le gros ! Le Vérolé le cogne, lui écrase son poing au ventre, au coffre, à la tête ! Tu entends ? Le Vérolé leur chef ! Au ventre, au coffre, à la tête ! Et Zeffiro aussi, le maigre : un coup de son crâne de pierre, il lui donne, en plein front ! Tous des lâches, des faibles ! Et toi le premier ! Parce que tu n'étais pas là, que tu ricanes de ça, comme toujours, alors qu'il est de tes parents, de ton sang, et que c'est toi qui l'as enflammé avec tes histoires, l'auto noire, les partisans... »

Elle glapit, maintenant, et les autres aussi, plus bas dans la pente, mais c'est pour avancer, grimper avec les paniers, les enfants, la kyrielle. Tout le monde crie, proteste, fait la grosse voix. L'oncle redescend de quelques pas, gêné, assombri. Il marmonne à Gelsemina que c'est bien beau ce qu'elle raconte, une vraie légende, David contre Goliath, mais que Goliath, le Vérolé, le chef des Carabines, il n'aurait pas pris le risque de frapper un gamin en plein jour si l'ange, le petit chéri, n'avait pas eu un énorme péché à se reprocher, un vol, une violence, une horreur… Mais la colonne, la foule ont poussé, débordé, moi dedans, et on les passe, on les laisse se disputer, seuls sous le ciel pâle, tiédasse.

Comme je vois dans la cohue Galli qui dodeline, l'air entendu, Galli de Bari, une fouine, un renard qui s'échauffe aux rumeurs, aux ragots, je le hèle bien fort, à fendre la bousculade, je lui demande si lui qui sait tout pourrait me raconter, me détailler la bêtise, la faute qu'aurait commise le gamin.

« Oh ! il me répond, l'œil torve et tombé bas, rasant la terre pour faire modeste, oh ! une broutille ! En pleine rue l'autre jour, il a donné de l'épaule aux Polices, aux Carabines, et leur a lancé une phrase longue, acérée, une aigreur de jeunesse. Je crois qu'il leur a dit qu'ils nageaient dans leurs uniformes trop grands, leurs bottes géantes, qu'ils avaient l'air déguisés, un carnaval, que leurs vestes à galons rouges avaient été taillées pour des costauds, des héros, et que ce calibre-là, on ne le trouvait plus depuis longtemps en Italie, depuis des siècles, cinq cents ans… Voilà ce qu'il aurait dit. Mais des témoins ont entendu : "cent ans", et le nom de Garibaldi, qui aurait claqué comme une oriflamme, une chemise rouge…

– Mais alors, qu'est-ce qu'il va foutre là-haut ? » le coupe une voix blanche, tendue. Je me tourne pour voir qui a parlé, quel inquiet a lancé la question, la panique qui nous taraude : mais c'est l'oncle, juste l'oncle qui s'est rapproché à nous toucher, un souffle, une ombre effarée, méconnaissable.

« Ce qu'il va faire là-haut ? Mais le pardon, tiens ! crécelle Gelsemina, à deux pas derrière lui. Le pardon ! Il va supplier le pardon ! Tu ne connais pas ça, toi, tu ne connais pas, jamais... »

Gauche, l'air penaud, l'oncle tente un geste, un début de colère, de refus, lève une main grassouillette qui retombe aussitôt, heurte à la hanche, cherche la poche béante du pantalon, y roule, glisse molle... Moi non plus je n'y crois guère, qu'Alfano coure là-haut se genouiller, s'écorcher la peau aux pierres, cailloux de prière, galets cassés du Christ. Pas lui, pas Alfano Calproni, le fils, petit-fils de mécréants ! Je devine autre chose, un éclat, un coup de chaud, de folie.

L'oncle aussi est songeur, pensif. Beau, même, d'être tout silencieux, immobile, oublieux de la foule, du tournis, les joues, le front pâles, d'ivoire poli, sa crête de cheveux plus noirs, éclatants que les nôtres, parce qu'il les teint, les trempe au goudron, on dirait, et qu'on ne voit que ça dans la cohorte, le tourbillon de têtes, crânes, tignasses secoués. Il reste muet, triste, sans broncher. Comme il faut, je me dis. Comme faisaient les anciens, les aïeux quand ils souffraient, peinaient, et se forçaient pourtant à garder lèvres closes, bouche scellée, mettaient leur orgueil, l'honneur à se tenir cois, dans le silence, le secret.

Soudain on baisse la tête, l'oncle et moi : on courbe l'échine, fourbus, rompus, comme si on comprenait en même temps ce qu'Alfano cherche là-haut, vers la chapelle, comme si on le voyait d'un coup bondir, débouler sous le ciel aveugle... Sûr, je me dis, sûr : il file juste trouver les Carabines ! Il court aux deux ou trois bougres, rustauds qui veillent jambes écartées, menton fort, arme au poing sur la colline, la cohue. Il n'a rien à faire de la chenille, des bannières, des prières : il se rue aux uniformes, aux bottes, cuirs frottés, noirs, brillants.

Surtout, il monte à Zeffiro, le cogneur, l'assommeur, çui qui lui a frappé le front de son crâne de pierre, de granit, Zeffiro qu'on a vu ce matin au départ diriger le cortège, crier, donner des ordres de sa voix ferme, nette, qui porte loin, sans effort, Zeffiro de la rue Dogana, du commissariat de la *Vecchia Dogana*, un sbire, un sous-fifre du Vérolé.

Nardo aussi doit penser ça, qu'Alfano ne monte pas à la chapelle San Pancrazio pour le saint, la statue, mais pour la pierraille, l'éboulis de cailloux tout autour. Et qu'il va en saisir un lourd, anguleux, l'empoigner, le tourner à bout de bras et le jeter violent, puissant, à la trogne de l'homme à casquette, ceinturon, baudrier. Il va jeter la pierre à Zeffiro, le frapper pile au front, au mitan, que le sang fuse en étoile et que le bonhomme chute, cul par terre, ébahi, hébété…

Ça n'est pas trop grave, le sang, je me dis pour me rassurer. Parce que malgré la blessure, la peau fendillée, le voile rougeâtre qui nappera vite les yeux, perlera aux joues, aux lèvres, la Carabine ne se plaindra pas, rien, pas une pleurnicherie, pas un bredouillement qui rameute, apitoie, excite. Ce ne sont pas les manières de Zeffiro, qui est assez brave, lui, courageux même, ne joue pas les femmelettes, les poules mouillées. Il se contentera de demander aux autres : « C'est le gamin de vendredi ? Celui qu'on a secoué ? C'est lui, n'est-ce pas ? Le fils Calproni ? »

Ils ne répondront pas, les autres, les Polices, les Carabines. Ils épongeront le sang avec leurs mouchoirs, leurs manches de chemise. Ils se tairont d'autant plus que Zeffiro ne leur lancera pas le moindre reproche, pas la plus petite vacherie, de celles qui libèrent, soulagent dans ces cas-là. Il ne leur dira même pas : « Crétins que vous êtes ! C'est votre faute si je suis blessé ! Si vous n'aviez pas eu l'idée de le corriger, vendredi, il ne serait pas venu chercher une casquette à visière, un flic, n'importe lequel ! C'est votre faute, imbéciles ! Il ne fallait pas le ceinturer, ni commencer de cogner, m'entraîner là-dedans ! Vous auriez dû vous demander où ça mène, les coups à trois contre un… » Non, Zeffiro ne va pas leur faire la litanie, la complainte. Il répétera juste : « C'est le gamin de vendredi, le fils Calproni. L'huile, les moulins, les barons. Vous voyez ? »

Les autres, Tonnello le premier, ne diront rien. Je les connais : dans le désordre, la confusion, ils s'affairent, s'agitent, mais en silence… Là, ils essaient d'abord de soulever le blessé, de le descendre. Comme ils n'ont pas de civière, à la chapelle, ils décident de le porter à deux, l'un par les jambes, l'autre par les bras. Ils peinent, s'appliquent, chavirent, mais ne desserrent toujours pas les lèvres… Ce n'est pas qu'ils soient furieux, non : ils seraient plutôt inquiets, tristes. Et même résignés. Oui : résignés, écrasés… Parce qu'à Matera, quand tu lèves la main sur une Carabine, c'est un signe de mort. Pas sur toi, oh non ! Pas sur celui qui lance la pierre, le coup, le pointu, non… Mais sur le policier, le sbire ! L'offenseur, lui, va filer au désert, au pierrier, se cacher dans les trous, les fermes. Il ne reviendra pas avant des mois, des siècles. C'était déjà comme ça au temps de Martinaccio Roveri, le brigand de Satriano, l'homme qui a dévalisé la Caisse d'épargne du Mezzogiorno en 1911 ; et pendant la guerre, pour les partisans, et juste après, pour Doddio, la chemise noire et ses trois frères. Depuis, la fuite au désert ne cesse pas, les réprouvés, les bannis multiplient, prolifèrent dans les combes, les cavernes, à croire que les moines, les Byzantins d'il y a mille ans nous ont légué ces dizaines de grottes douces, tièdes comme des étables, dans l'idée d'y abriter aux jours impies, aux siècles vides, les fils les plus violents, les plus forts du Sud, leurs frères contre le monde, en somme, leurs doubles en solitude. Et Alfano vivra là, maintenant, c'est sûr, un homme des bois, de la nuit, un ermite.

Tandis que le sbire, d'avoir reçu une offense, ça lui colle à la poitrine une médaille louche, une breloque clinquante qui le désigne, le montre partout où il passe, même chez des inconnus, des étrangers. Il avance plastronné, soutaché, bizarre. Il a beau zigzaguer d'une rue perdue à l'autre, raser les porches silencieux, noirs de nuit, d'oubli, les façades mortes : qui le croise voit d'emblée qu'il est marqué, choisi pour le sacrifice, nimbé, auréolé d'une grisaille sale, ternie – le signe des pauvres, d'ordinaire, de ceux qui ont manqué à tout, perdu la force, la vigueur.

Je me dis que la pierre, le caillou aura vite raison de Zeffiro. Oui : très vite, en quelques jours.

Le temps qu'il comprenne qu'il a été distingué, signalé par la petite blessure, le sang, et il aura son compte. Le temps qu'il voie, revoie la pierre voler, filer froide vers le crâne, l'os brûlant, qu'il devine effrayé qu'elle n'a cherché, visé que lui, rien que lui, et il se laissera faire, tombera, chutera pour de bon, cette fois, raide mort.

Au Fidori ce jour-là éclatera un orage, la bourrasque, le tonnerre ! « Zeffiro a été sacrifié ! » criera Pandone furieux, les lèvres tremblées. « Sa-cri-fié ! Oui ! Comme Dalla Chiesa, Falcone ! Et par des lâches, nous tous, le troupeau, ou pire, par la conjuration malveillante des hyènes ! » Il guignera un instant, en éclair, Nardo accoudé à sa table, à ses bois de paroles, d'histoires violentes. « Bon, tentera le professeur Pescasseroli avec des douceurs, un susurrement, une précaution, bon, c'est triste, mais où a-t-on vu qu'on ne meurt pas un jour ? Depuis quand aurions-nous la prétention d'être immortels ? » Et Pandone – je le sais d'avance, je le vois déjà – qui fulmine, tape pour une fois du poing au marbre du comptoir ! « Impossible, risque alors Pinzolo – il est lourd, il parlera ainsi, gauche et maladroit – impossible de savoir si c'est vraiment la pierre, le souvenir humiliant de la pierre qui a achevé Zeffiro, ou autre chose, un ennui au cœur, au cerveau. Allez savoir… – Le Tordu ? Le Malin ? » demande Beppé bien narquois, moqueur, sans lever le nez du coin d'ombre où il se terre. « Non, non, reprend le professeur, rien de tout ça. On croit trop aujourd'hui que la bonne vie doit ignorer la mort, la douleur. Un mensonge, ça, une tromperie ! D'ailleurs, si on veut bien être vigilant, on se rend compte qu'il n'y a jamais eu autant de cadavres devant nous ! Oui, des empilements, des charniers jusqu'au ciel ! Et que c'est juste à proportion de ce qu'on est d'hommes vivants, goulus, goinfres, à nous presser, entasser sur la terre, un record, un nombre faramineux, trop de milliards j'en suis sûr ! Simplement, on ne veut plus les regarder, nos dépouilles, nos osselets, la charogne : on les voile, on les dissimule. Alors, quand Zeffiro comprend qu'il peut mourir vite, facile, ça suffit à l'emporter. Ils font tous pareil, les Méridionaux, maintenant : dès qu'ils découvrent le tombeau, le regardent pour la première fois, ils s'y jettent. »

Nardo comme toujours se mettra à glapir : « Tu vois, professeur ! Malgré Croce et tout le blabla sur le droit, la loi, cette fois tu es d'accord avec moi : la vie, c'est le sang, les coups, la mort !

– Mais non, mais non, s'écriera Pescasseroli, oiseau maigre qui sur sa branche bondit, claquebecque, pépie. Fi, mon ami ! Tu as le vice des doctrinaires rancis, des militants endurcis, gens à tracts et slogans trompeurs : tu déformes, cisailles ce qu'on dit, ramènes tout à tes phrases attrapeuses, gobeuses, des sornettes à pigeons, des menteries pour naïfs, braves bougres.

— Oh, oh, cher professeur ! se moquera Nardo. Il ne faut pas t'énerver parce que tu es d'accord avec moi ! Je peux bien avoir raison de temps à autre : plus personne en effet ne veut voir le cadavre, la Camarde, la laide aux dents jaunes. Même les Polices, les Carabines regimbent à l'idée de mourir, geignent quand l'un des leurs a la vie courte, tranchée, se répandent au larmoir télévisé, devant les pythies journaleuses à rimmel coulé, reniflures et sanglots bien travaillés… Quelle trahison : des soldats, des hommes d'armes refusent de passer, d'en finir ! Professeur, tu te rends compte ? Au moins les braqueurs d'Isernia le mois dernier, ceux qui ont mis dix jours à mourir du plomb reçu dans la succursale du *Banco Popolare*, ont-ils eu la force, l'honneur de ne pas se plaindre ni protester !

— Ah ! fait, fera le chœur du Fidori — et je l'entends déjà, je le connais de trop longtemps, c'est forcément ce qu'il fera —, ah ! braillera-t-il dans un râle, beuglement collectif, unanime, un gargouillis, une bouillie d'indignation, de vertu gutturale, ventrale, ah, hou ! ho ! Quelle honte, vergogne, ces propos criminels, assassins ! Nardo le sang, Nardo la violence ! Nan, nan ! C'est horrible ! Assez ! *Basta, basta !* » Et Pandone de se frapper la poitrine, Pinzolo, Burini de hocher le chef, leurs têtes bien peignées, lissées, d'appeler, pleurer leurs mères si bonnes, si douces, incapables de haine, n'est-ce pas, de cris, de gifles, jalousie ou bassesse. Qu'elles chassent – ces saintes, ces calmes femmes du Sud –, qu'elles extirpent la furie et la guerre du cœur des hommes perdus, aveuglés, qu'elles boutent hors du pays les voyous, les brigands qui empêchent l'Italien si droit, si honnête, de vivre tranquille et gentil, à sa table et dans son lit !

Aussi Nardo se sentira-t il obligé de donner son chef-d'œuvre, son meilleur numéro, un classique du Fidori ! Mais pour se lancer dans le morceau de bravoure, donner le coup de grâce aux amis, il attendra que Marra, l'éminent Marra s'aventure dans le *locale* aux heures populeuses, bruyantes du coude à coude, qu'il s'attarde entre les tables, s'oublie un peu, expose son importante personne, ses grands airs, son œil noir et sec aux éructations précipitées, aux saillies bouillonnantes de l'oncle.

« Civilisés ! commencera Nardo. Les Méridionaux se seraient enfin civilisés ! Depuis une génération à peine, mais avec un sérieux, un empressement exemplaires ! Car il s'agissait de rattraper notre retard, d'effacer en quelques années des siècles, des millénaires d'arriération, d'isolement, de changer d'un coup nos manières gueuses, nos méchants usages, et jusqu'à nos figures noiraudes, sales, nos trognes tordues, bourrelées de haine, de vice. Ce n'était pas pour rien que pendant deux mille ans on nous avait traités de pouilleux et qu'on avait baptisé "abrutis" nos voisins des Abruzzes... Parfaitement : la science étymologique nous apprend qu'"abruti" signifie d'abord habitant des Abruzzes ! Même en France, en Allemagne, on sait que le mot désigne l'archétype du pauvre bougre, du sous-homme tellement rongé, secoué d'instincts bas, primaires, qu'on ne peut le comparer qu'aux indigènes de la terre la plus reculée, abandonnée d'Europe : les montagnes de l'Aquila, le Gran Sasso, et, partant, le Midi tout entier, le désert de rochers, de cailloux brûlés qui brise sur la mer maigre et pauvre.

« Nous sortons juste de cet état originel, de la crasse pécheresse, héréditaire. La "bonification" des années trente, l'électrification, le nettoyage du Sud nous ont forcés à quitter nos bauges, nos trous, nos croupissoires. C'était, paraît-il, indispensable, car une purification morale, une élévation de l'âme commencent toujours par un arrachement à la boue, à la glèbe, une épure de la vie primitive, endolorie, grossière... Pour s'amender, l'arriéré

doit faire propres sa maison et son museau –
n'est-ce pas, Burini ? –, se décrasser la bouille,
abattre sa masure noircie – hein ? Pandone –,
puis bâtir du neuf, une maison certes modeste
mais claire, lumineuse, en ciment blanc, vitrées
larges, pièces qui attrapent, avalent le soleil si rare,
frileux sous nos climats. Entre ses murs nets, le
pouilleux très vite se sent mieux. Et tombent alors
la vieille grimace barbare et les réflexes des temps
inhumains.

« S'est trouvée en même temps proscrite
la loi morale la plus antique, la plus sûre du
Mezzogiorno : celle du couteau, de la vengeance
immédiate. Rappelons-nous qu'il y a seulement
trente ou quarante ans, pour régler un chapar-
dage, obtenir réparation d'une insulte ou d'un
regard mauvais – en coin, de biais, bien noir –,
on cherchait d'emblée querelle, duel, étripage. Le
Méridional avait la bêtise de se faire justice seul,
à coups et à horions. Mal, c'était mal se tenir ! Et
encore plus mal quand pétaradaient les fusils,
les petites bombes à ficelle, sacs à poudre noire,
ou quand les hommes se mettaient en meute
derrière un chef – le plus brave, d'ordinaire, pas
le plus rampant, aveuli, obséquieux vermisseau.
Le Sud faisait honte à l'Italie qui s'en vengeait en
le commentant aux dernières pages des journaux,
aux viles rubriques du crime, du fait divers. Les

Méridionaux n'avaient pas d'histoire, de grande et noble histoire, puisqu'ils s'en cherchaient de petites, d'infimes : chipotages, vols de poules, crachats fielleux, jurons pervers qui ne méritaient pas moins que le poignard, le fer...

« Mais... mais... – fera Nardo avec un beau sourire –, chez nous maintenant, on ne se bat ni ne se hait ! La force, le coup de sang sont devenus vergogne, péché ! Nous ne connaissons plus le conflit, la fureur, juste le malentendu, le différend, l'erreur. Depuis vingt ans ici règnent le Droit, la Loi, le conciliabule, les douceurs !

« Un métier flambant neuf, un titre, une rutilante titraille incarne cette mission, ce sacerdoce des temps présents : c'est le *Dru*. Oui, parfaitement, le DRU ! Tu as très bien compris, Marra ! Le mot te va comme un gant : DRU ! DRU ! »

Et je vois déjà Nardo rageur lancer le mot, le bramer pour Marra, le reprendre, le scander comme il tape maintenant aux cailloux, aux pierres, là, sur la pente, la côte pénible, poussiéreuse, comme il tape en fureur et solitude face à la foule, la cohue qui devant lui bouillonne, grimpe à la chapelle, se presse tandis que lui s'écarte, de quelques pas s'éloigne, s'abrite... Et moi aussi j'abandonne, je renonce. Car moi aussi j'ai vu, deviné Alfano sur la crête, la pierre jetée, l'étoile rougie au crâne qui dodeline, Zeffiro tombant, tombé, couché mort, les cris de Pandone au comptoir, la peur de Marra, de Pinzolo, et Nardo triomphant, poing dressé, menaçant, qui ricane…

« *DRU* ! *DRU* ! il hurlera à l'important, à l'imposant Marra. Tu sais bien ce que je veux dire, même quand je le prononce à la française, la bouche en *u* précieux, la lèvre archi-fine, cauteleuse… "DROU", si tu préfères ! À l'italienne, ça fait : "DROU". Le *u*, on l'arrondit en *ou* pour que ça sonne doux, chez nous ! Mais c'est toujours le même animal : le *Direttore delle Risorse Umane*, DRU, le DRH, le Directeur des ressources humaines, le génie du turbin, le roi de la surveillance et du tapin, le premier des larbins ! Larbin, oui ! il braillera, exultera. Car c'est le sous-fifre payé par ses maîtres tambourinaires, chefs d'orchestre, pour guigner les autres, les demi-fifres, les cymbales, les quarts de flûtiaux : le Drou est le laquais du petit chef, le type qui dénonce son semblable, son double en lâcheté, en faiblesse parce qu'il fumote caché au lavabo…

« Et savez-vous d'où sont natifs les Drus, Drous qui tiennent Milan, Turin, Crémone, ces riches villes, mieux qu'un *ras* du *Fascio*, un chefaillon à chemise noire ? De Bari, Gallipoli, comme Starace, le Starace de 1943, le Pouillot qui s'était fait bourreau de Crémone ! Tous de nos terres perdues, trous, bleds reculés, Molise,

Basilicate, Campanie, Calabre ! La même suite funèbre : les hiérarques des années trente, les sbires d'Andreotti, et maintenant les Drous ! Le bon Drou sort d'un trou ! Le mouchard est un barbare ! »

Après la péroraison, on n'entendra que le silence toussoté, la gêne, la frousse, le frottement au pavé des fines chaussures noires de Marra, puis le rire de l'oncle, franc, aigu, ce coup-ci, un pied de nez, une gaminerie.

Comme aujourd'hui, son rire, comme au pied de la chapelle ! Car maintenant il fend la foule, hilare, tonitruant, il va à contresens, pousse le monde, son prochain, le bouscule. Il a choisi de descendre, Nardo, de retourner au creux, à la ravine. Un peu plus bas sur la pente, la sente, je le vois qui s'agite, poings tendus par-devant, se fraie un chemin, et je l'entends qui pouffe, parle seul, s'esclaffe. Il a compris le premier et il descend, il retourne.

Il retourne à la ville d'Alfano, aux grottes, aux creux dans la roche, la falaise, aux chambres éteintes, sans lumière. C'est le mieux qui lui reste, qui nous reste à faire : redescendre, s'enfoncer. Rien d'autre ne mérite, ne vaut qu'on persévère : il faut tomber, glisser où l'on aurait dû demeurer, vivre, finir. Les lubies qui nous ont mis en branle, en route, il faut y renoncer : le siècle à flammèches, à électricités, les usines, le ciel charbonné, tout doit être oublié, brûlé. La fatigue à se porter loin, au nord, à Milan, chez les Belges, l'Amérique, Denver, Detroit, même cela s'est avéré mauvais. Et les drapeaux aussi, les oriflammes : des oripeaux à la fin, des bandelettes, la sanie, la charpie… Il faut se presser derrière Nardo, se serrer vite avec lui aux bancs de pierre, au fond des caves, des grottes, dans les galeries, les goulets qu'étrangle le rocher.

Mais çui qu'il ne faut pas plaindre, dans cette affaire, c'est Alfano ! Il va avoir la belle vie, le bougre, la vie rêvée.

Pendant deux ou trois ans, croquevillé dans son abri d'argile tiède, accroupi dans le ventre suant, huileux de la terre molle, de la glaise boursouflée, cloquée, il ne verra pas le soleil, ni le midi violent. Il passera les heures à regarder aux parois rongées les saints peints par les moines, la flamme brune de leurs yeux. Il guettera la pluie, l'orage, le grondement du vent à pattes et griffes de fauve. Une fois la semaine il entendra siffler Ubaldo, l'homme qui monte le pain, le boire, les journaux, les nouvelles.

Mais à la nuit tombée, noire et brillante, piquetée d'étoiles claires, il passera le seuil de la grotte, écartera les buissons de sorbier, les ronces qui en masquent l'entrée de leurs branchillons raides, gauches, des épines longues comme des clous qui crissent, craquent au moindre vent, battement d'aile, et préviennent, protègent, gardent. Il sortira au pied de la falaise droite, blanche de lune, et il marchera d'un pas sûr et léger vers la crête, mieux qu'il n'eût fait en plein jour.

La belle vie, je vous jure !

Debout sur la cime de la colline – un éboulis de rocs brisés, de cailloux éclatés –, il regarde le lent pays de la nuit, les lacs d'ombre bleue qui s'évasent au-dessus des montagnes, les traînées pâles des vallées habitées, des villages éteints, embués par la respiration des dormeurs, leur souffle tiède, les rêves. Vers l'ouest, sur les hauteurs d'Irpinia, il voit aussi scintiller des lueurs minuscules, une limaille d'argent, d'étincelles froides : les guirlandes, kyrielles de lumignons tendues à l'orée de la grosse ville que la nuit noire et goulue, vorace, brouille et avale, dévore tant qu'elle peut. « Des lanternes minables, il pense, des éclairages contre la peur, la frousse, le mauvais sommeil de ceux qui s'échinent au travail, gagnent petit, rien de rien. Des mesquineries d'ampoules, d'électricités qui ont gâché le monde, le beau monde ! Quand aurait bien suffi la veilleuse, la flammèche qui danse... »

Parfois, Alfano fait le Visiteur, comme on dit à Matera : à la faveur de l'ombre, il se glisse en ville, dans le quartier du château, et quand le vent file comme un chat par les rues étroites, bondit aux toitures, court sur le ventre doux des vieilles tuiles rondes, Alfano s'amuse à faire claquer dix fois un volet, à le taper dur, sec à la façade. Et si un inquiet veut le rabattre pour s'enfermer, Alfano à deux mains tient bien écartés les lourds panneaux de bois, et l'autre peut toujours se pencher à la fenêtre, tirer de toutes ses forces les poignées de fer, rien n'y fait, n'y fera.

Mais à l'aube, lorsque le soleil rouge et violent roule rapide sur la plaine du Tavoliere encore maussade, charbonnée de nuit, des doigts frêles et malingres suffisent à repousser les battants hauts, pesants comme les vantaux d'une porte : Alfano l'enfant pâle dort dessous les pierres.

Abrégé d'italien méridional
par Giovan le Français
(extraits)

A

Aglianico : le cépage le plus ancien, le plus violent d'Italie ; vient d'*hellenicos* et rappelle que le Sud est grec. Qui boira de ce vin-là en lisant les chapitres 2 et 17 changera de langue.

Amaro : l'*amer* est un alcool d'herbes, une rumination lente de plantes à vaches et bovins tristes, une boisson sans orgueil ni excès. À consommer après le chapitre 3.

B

Borghetti : quartiers populaires et périphériques de Rome, longtemps masures et bidonvilles ; aller voir *La Ricotta* de Pasolini ou *Les Nuits de Cabiria* de Fellini.

C

Castel del Monte : château octogonal en pierres blanches bâti au xiiiᵉ siècle par Frédéric II sur une éminence qui domine la région des Murges. Depuis huit cents ans, intact, il rayonne sur les Pouilles et sur ses routes rectilignes, des droites infinies, irréelles. Il est déconseillé d'emprunter la S170 où s'égarent Donato et Béfana au chapitre 11.

Croce, Benedetto : né dans les Abruzzes en 1866, mort à Naples en 1952. Pourquoi un Méridional et grand philosophe porte-t-il le chapeau ? Réponse au chapitre 13.

D

De Gasperi, Alcide (1881-1954) : homme d'État italien d'après-guerre et donc démocrate-chrétien. A organisé en 1952 l'expulsion des 20 000 habitants pauvres des *sassi* de Matera. Pasolini dénonça cette opération de police comme un crime des élites italiennes contre la culture populaire du Sud.

Dottore : titre ronflant et honorifique dont tout commerçant flagorneur gratifie le chaland pour peu qu'il soit bien cravaté et brillamment chaussé. Pourrait se traduire par « homme important ».

G

Gargano : montagne qui tombe à pic dans l'Adriatique et dans cet abrégé, car il est temps de rappeler aux touristes allemands qui se promènent nus sur les plages du Gargano que les forêts de ce promontoire sont peuplées de brigands à bonnets de laine, de bûcherons géants amateurs de femmes fortes et rôties à point par le soleil.

Gramsci, Antonio (Sardaigne 1891-Rome 1937) : un des fondateurs du Parti communiste italien. Jeté en prison sous le fascisme, il y meurt lentement de maladie et de solitude. Depuis, l'ombre de ce fils hérétique de Marx et Machiavel hante les usines et les prisons d'Italie.

Grappa : tout le génie italien brille dans cette eau-de-vie bien plus subtile et rouée que ses solides cousines du monde entier. Née au nord de la Péninsule, au pied des Alpes, elle a maintenant colonisé le Sud où elle fleure la réglisse et le ciel d'orage. Il n'est pas conseillé au lecteur d'y goûter : il n'en reviendrait pas, ne voudrait plus quitter les soirs dorés, brûlants et oisifs qu'elle lui ouvre. Pandone, par prudence, glace toujours ses verres avant d'y verser une libation délicate de *grappa* de *falanghina* qu'il appelle le « feu froid », la « neige flammée ».

L

Locale : vrai mot puisque intraduisible ! Ni bar, ni café : un bon coin où l'on boit et parle en nombre. Tout *locale* suscite un patron-bedaine, un Pandone.

M

Masseria : ferme fortifiée des Pouilles, aux murs blancs dressés avec superbe contre le reste du monde.

Maurizio Costanzo (show) : bonhomme, gras, barbu, archi-italien, parlant *pasta e vino*, ce présentateur vedette de la télévision ne peut être habité que de bons sentiments.

Mezzogiorno : le Midi italien. Commence à Rome. Il doit à sa mauvaise réputation (piété, pauvreté, violence) de s'être étendu, durant le xxᵉ siècle, au monde entier. Comme le rappelle Accendino au chapitre I, Longwy, Francfort ou Buenos Aires savent ce que le mot veut dire.

P

Passeggiata : l'heure du soir où les familles au grand complet envahissent la rue pour s'y montrer : les femmes viennent en tête (grands-mères, mères, filles, nièces, cousines) ; les mâles ferment le défilé (chenus ou brun corbeau, don juans lustrés et cornards attitrés, comme dans *Mariage à l'italienne* de Vittorio De Sica).

Piaggio : le petit-fils de la Vespa, aussi agaçant, bourdonnant et zigzagant. S'exhibe en meute, surtout le soir, à l'heure de la *passeggiata*.

R

Ras : chefaillon local du fascisme. Starace, surnommé « le bourreau de Crémone », était natif de Gallipoli dans les Pouilles.

S

Sapienza : faculté, université, lieu de science et de sagesse où l'on a longtemps appris la fabrication du cocktail Molotov et le bon usage du P.38.

Sassi : maisons-grottes creusées à même la falaise de Matera. Depuis 1952, après l'expulsion des pauvres qui y vivaient, ces habitats troglodytes ont été revendus à des Italiens dignes d'y vivre bien, bobos milanais ou riches du show-biz. Les pauvres meurent deux fois.

T

Togliatti, Palmiro (1893-1964) : en URSS une ville portait le nom de ce dirigeant du PCI. À Togliattigrad, on fabriquait des Lada sur des chaînes conçues par Fiat. Les voitures soviétiques ressemblaient tellement à leurs sœurs turinoises qu'elles faillirent ruiner la famille Agnelli ; mais elles tombaient en panne et les pièces détachées traversaient lentement l'Europe centrale.

Z

Zia, zio : la tante, l'oncle ; encombrants ; toujours là ; dans certaines familles de Bari, ils sont si nombreux qu'on ne les appelle même plus par leurs prénoms. Il suffit de les héler en groupe, de lancer un « Zii ! » suraigu, ce qui n'est pas à la portée de tous les neveux.

Cet ouvrage a été composé en Granjon par Palimpseste à Paris

Impression réalisée sur CAMERON par
BRODARD ET TAUPIN
La Flèche

pour le compte des Éditions Fayard
en juin 2008

Imprimé en France
Dépôt légal : août 2008
N° d'impression : 47985
35-33-4016-8/01